U0650994

MY START

我在硅谷的
创业人生

一个年轻互联网创业者
从0到1的自述

【美】本·卡斯诺查（Ben Casnocha）◎著

王雪畅　胡延路◎译

UP
LIFE

人民邮电出版社

北　京

图书在版编目（ＣＩＰ）数据

我在硅谷的创业人生 / （美）本·卡斯诺查
（Ben Casnocha）著；王雪畅，胡延路译. -- 北京：人
民邮电出版社，2017.1
　ISBN 978-7-115-44257-4

　Ⅰ．①我… Ⅱ．①本… ②王… ③胡… Ⅲ．①企业管
理—经验—美国 Ⅳ．①F279.712.3

　中国版本图书馆CIP数据核字(2016)第290140号

内 容 提 要

　　硅谷是当今世界上创新思维与企业家精神最为活跃的地区，那里的创业氛围、创业
成功的方法、创业失败的原因以及创业中所经历的挑战，都非常具有代表性。

　　《我在硅谷的创业人生》是硅谷年轻创业家卡斯诺查对其创业的起伏经历和感悟的自
述，是硅谷万千创业者的一个缩影。卡斯诺查回顾并总结了自己的创业经验和教训，同
时还结合硅谷大佬们给他的建议，总结出了一系列应对创业挑战的方法和策略，包括如
何平衡创业与生活、如何成为一个既聪明又幸运的家伙、如何树立个人品牌以及如何成
为企业家俱乐部中的竞技者等。

　　卡斯诺查的创业经历和体悟对国内的年轻创业者具有很高的借鉴价值。此外，书中
关于硅谷创业的细节以及援引的多位硅谷大佬对作者的忠告和指导，可以让风险投资人
以及其他对硅谷的创新与创业机制感兴趣的人看到硅谷创业的更多侧面。

◆　　著　　【美】本·卡斯诺查（Ben Casnocha）
　　　　译　　王雪畅　胡延路
　　责任编辑　王飞龙
　　执行编辑　杨佳凝
　　责任印制　焦志炜

◆　人民邮电出版社出版发行　　北京市丰台区成寿寺路 11 号
　　邮编 100164　　电子邮件 315@ptpress.com.cn
　　网址 http://www.ptpress.com.cn
　　三河市中晟雅豪印务有限公司印刷

◆　开本：700×1000　1/16
　　印张：15.5　　　　　　　　　　　　　　2017 年 1 月第 1 版
　　字数：200 千字　　　　　　　　　　　 2017 年 1 月河北第 1 次印刷
　　著作权合同登记号　图字：01-2016-0518 号

定 价：49.00 元
读者服务热线：（010）81055656　印装质量热线：（010）81055316
反盗版热线：（010）81055315
广告经营许可证：京东工商广字第 8052 号

普
华
文
化

PUHUA BOOKS

我
们
一
起
解
决
问
题

推荐序

马克·贝尼奥夫（Marc Benioff），

Salesforce.com[1] 创始人兼首席执行官

今天的商业世界正经历着一场变革。层出不穷的新技术，特别是互联网，使生活在这个时代的富有创造力的人们创业更加容易、也更加高效。在过去的十年间诞生了大量的创业公司，其中，许多创业公司已经茁壮成长起来，成为了那些历史悠久的大公司背后的重要力量，并且改变了传统企业的经营模式。此外，这些公司提供的服务使我们的生活发生了翻天覆地的变化。想一想，互联网为我们带来了多少种崭新的生活方式，不论是沟通交流、购物消费，还是搜寻信息，甚至是找对象。

美国人的创业能力以及伟大的创业家们——从约翰·洛克菲勒到威廉姆斯·亨利·盖茨，一直以来都是美国的竞争优势所在。而现在，我们正身处一个创业的黄金时代：4 500 万美国人（占整个从业人数的30%）经营的是自己的企业；超过半数的大学毕业生会在有生之年尝试自己创业；整个国家的就业增长率和新技术大都来自创业型公司。经济学教授、伯克利创业研究中心（Berkeley Center for Entrepreneurial Studies）学术主任威廉·鲍莫尔（William Baumol）曾向美国总统提交过有关小型企业与经济的报告，他在报告中称，创业是促进国家经济增长和繁荣的"不可代替的要素"。

---

1 Salesforce.com 是全球按需客户关系管理解决方案的领导者。——译者注

这一"不可代替的要素"之所以能够推动经济增长、改善社会民生，其中一个神奇的原因就在于每个个体劳动者都可以进行创业。这些个体劳动者不必出身名门，也不必是名牌大学毕业（甚至不需要大学文凭）。他们只需要努力工作，有好的创意，并致力于改变世界。他们可以是本·卡斯诺查（Ben Casnocha），可以是我，也可以是你。

>>

我和本·卡斯诺查的第一次接触是几年前我收到一封他发来的电子邮件。本自我介绍说是 Comcate 公司的创始人，而 Comcate 当时是公共机构网络软件提供商中的领军企业。我对这家企业也早有耳闻，知道它为公共机构提供了非常优质的服务，帮助其改善客户服务并提高办事效率。Comcate 也是我们 Salesforce.com 公司的客户。本在邮件中写道他有一些反馈给我。我一直都渴望听到客户的见解，这能极大地帮助我们改进产品、发展企业。这封邮件引起我兴趣的另一个原因是本提到我们俩有很多共同之处。本和我都是旧金山技术型公司的创始人和董事长。我们曾多次在同一个产业大会上发言。我们都热衷慈善事业，不约而同地成立了企业基金会来扶持年轻人。还有，我们都相信互联网的力量能改变整个世界。

的确，就像本所说的，我们确实有许多共同之处。但最让我吃惊的是，本当时还是一个 15 岁的高二学生。不过我并没有把他当作一个不谙商界的小孩子晾到一边。大多数的企业家都是在家里或通过亲身经历学会做生意的，而不是通过传统的学校教育。至于创业的年龄，美国在线（American On Line，AOL）的创始人史蒂夫·凯斯（Steve Case）第一次做生意时才 6 岁（用自家后院种植的酸橙榨汁后进行售卖）。戴尔公司董事长兼首席执行官迈克尔·戴尔 12 岁时就成立了一家公司，向集邮迷出售邮票，后来他又在得克萨斯州的大学宿舍里创办了戴尔电脑公司。比尔·盖茨创立微软公司的时候也不过 19 岁，而现在微软已经是世界头号软件公司了。

同时，我的个人经历也使我认为，即使年龄小也可以开始创业并可能取得成功。我 16 岁时就创立了我的第一家公司——Liberty 软件公司。这让我能够真正欣赏并理解本的非比寻常的故事。

本所著的这本书让我读得津津有味，因为它唤起了我少年创业时的种种回忆。我想起 14 岁时我整天泡在 RadioShack[2] 里自学如何使用电脑。到了高中，我开始设计雅达利（Atari）[3] 电脑游戏，比如《逃离火神岛》（*Escape from Vulcan's Island*）、《不死族的墓室》（*Crypt of the Undead*），我的祖母还为后面这款游戏谱写了配乐。我喜欢自己创业。虽然我赚到的钱足够我买一辆新的丰田 Supra（这在当时是非常酷的）并且支付大学的学费，但是经济收入并非是创业中最令人兴奋的部分。最令人激动的是你能创造出一些了不起的东西。

在经营 Liberty 软件公司时获得的这种体会是我后来开创 Salesforce.com 最大的动力之一，现在 Salesforce.com 公司已经上市，而且成长为客户关系管理（CRM）按需服务领域的领跑者。当然，创办第一家公司教会了我如何定价、营销，以及倾听客户的意见，但是最大的收获是让我领悟到自己可以通过经营企业而拥有一种潜在的力量：它能提供一种工具来改变人们做事的方法；它能够帮助我们改变这个世界。

---

2 RadioShack 是美国知名消费电子产品专业零售商，总部设于美国得克萨斯州沃兹堡，销售的产品种类包括无线通信、电子部件、电池和配件以及其他数码技术产品和服务。——译者注

3 Atari，中文译为雅达利，是美国一家电脑游戏机厂商。——译者注

>>

本也领悟到了这一点。"如何才能对世界产生巨大影响呢？现在看来，创业仍是一条最有可能实现这一愿景的途径。"他这样说道。本发现公共机构的某些办公方式效率不高，并找到了改进的方法。他对市场有着敏锐的直觉，并运用互联网的力量来影响市场。他还富有创意，跳出传统思维对企业的定义，把慈善捐赠融入自己的企业模式，将公司一定比例的利润、时间和股份奉献给社会。

本对我们的时代思潮有着异乎寻常的理解力，他的预测可以引领未来（这可不是我说的，在巴黎的一次大会上，他曾被称为"互联网和政治世界里最具影响力的 25 人之一"）。

这本书并不是一本操作指南，书中没有提供现成的模板教你如何去创立一家像 Comcate 一样成功的企业。不过它揭示了你在开启自己的创业之旅时需要了解的一切。通过这本书，你会学到许多——从撰写商业电子邮件，到与海外承包商打交道，再到信息经济的发展动态。你会读到本曾经经历的一些风险：有些是成功的冒险（为早期客户提供折扣），也有些是失败的冒险（贸然雇用了一位临时 CEO）。最为重要的是，你会享受这个吊人口味、坦诚讲述又充满诙谐趣味的创业故事。读过此书，你会下定决心踏上自己的创业之路，并找到属于你自己的方式。

在结束了一连串令人精疲力竭的推销宣传之后，我狂奔在加利福尼亚的安大略国际机场里。在我狂奔时，我甚至连鞋都没有穿。因为在过安检的时候我脱了鞋扫描，然后就没有时间再穿回去。我要乘坐的西南航班还有 5 分钟就要关闭闸机口了。

我蹬着袜子，穿着茶色外套，系着七扭八歪的领带，一路狂奔，汗水湿透了我 15 岁的身体。飞机场在那一刻变成了篮球场，我的注意力转向了我双臂的推力和小腿的弹跳力。球场四周挤满了快餐摊和欢呼加油的人们。有个小孩坐在一个登机口旁，他大喊着鼓励我："跑，跑，跑！"我确实是在跑。没有什么能够阻止我追赶我的航班。

我终于成功赶到了登机口，把我特大号的脚塞进了那双令人不舒服的正装皮鞋里。我的鞋总是大一号或是小一号，买不到特别合适的。我慌慌忙忙地登上飞机——就差我一个了。这趟航班满员了，因为没有预选座位，我只能坐到唯一的一个空位子上去——最后一排中间的位置。我穿过一条又一条过道，期间撞上了无数的胳膊肘，踩到了无数的脚趾头。我系上安全带，打开通风口，把头靠在头靠上。我的眼睛慢慢合起来，我睡着了。

为了赶这趟早上 6 点的航班，我凌晨 3：45 就起床了。这只是 11 月的又一个星期二，我刚上高一，在 3 万英尺的高空享受着我珍贵的"病假"。

这只不过是我创业生活中的又一天而已。

>>

在我人生的这个阶段，是什么把我带到了这里？中学的时候有一个选修课老师教我们维修苹果机（Macintosh）[1]，这个人有些古怪。在我们的班级合影中，这位"苹果机医生"刮净了他的半张脸和半侧脑袋。有一天早上在我们上课的时候，他要求我们全班同学背诵苹果电脑的广告诗歌《非同凡响》（*Think Different*）。回家以后我仍在背诵这首诗，还看了这段广告视频。"只有那些疯狂到以为自己能够改变世界的人才能真正地改变世界"，伴随着朗读者的吟诵，视频中出现了甘地、马丁·路德·金、特德·特纳、爱因斯坦等历史名人。我把这则广告重新看了一遍又一遍。此前，从未有哪个视频或电影让我如此感动，而它却让我想去改变世界。

我不想等。也没有等。

我对世界的影响体现在我成立的两家技术公司上。我当前的公司Comcate，现在是美国境内中小型政府机构首选的电子政务/客户服务软件供应商，每天有成千上万的政府部门工作人员在使用我们的产品。这本书是关于这家公司成立的故事。

不过，这本书又不仅仅是一个创业者和他创业的故事。虽然故事主要是在叙述创办 Comcate 的过程，但我最主要的目的是通过这本书来证明，如果一个人能够将运气、机会和坚持正确地结合在一起的话，他能取得什么样的成就。最关键的一点，在我看来，是要像一个企业家那样去思考（后面我们会具体讨论这是什么意思）。然而，很多人都不会这样做，因为当你梦想特别大时，你可能会摔得特别惨。

---

1 Macintosh，简称 Mac，中文译作苹果机或麦金塔电脑，是苹果公司推出的个人电脑系列。——译者注

本书按照时间顺序讲述了我的故事，同时还搭配了两个特别的部分：一个是"头脑风暴"（文本框部分），列出了一些创业经验和策略供你参考；另一个是"智囊团"，这部分精选了我的顾问大师们撰写的小文章，其中有他们分享的难得的智慧精髓。像他们这种卓有成就的创业者们极少会这么直接地告诉你如何才能成功。但是有一点需要你提前弄清楚：这本书里没有"十步成功法"或"二十个成功秘诀"。世上没有魔法棒。创业成功需要大把的汗水，也需要大把的运气。创业的动力必须来自内心。你的动机不能是那些外部的回报，比如金钱或名气，而是某些更深层次、更富有意义的东西。我很幸运的是，有人帮我找到了这种内在的动力并让我理解了工作在我生命中的真正意义。我希望这本书可以给你同样的帮助，并提供一些切实可行的建议。读完这本书之后，你可以登录与其同步的网站 www.mystartuplife.com，继续与我们交流。

>>

我在许多方面是非常幸运的：我在旧金山长大，那里云集着世界顶尖的商业和技术精英；我的父母给了我巨大的支持；我有良好的教育背景。但是你要相信，这些条件本身并不能保证成功。我见过世界各地的企业家，不论年长还是年少，他们的成功都源于一种精神，而不是背景或地点。作家琼·迪迪恩（Joan Didion）曾有一次在加州大学河滨分校的毕业典礼上发表演讲，演讲的结束语中就提到了这种必需的精神。请读一读这段话，读一读这本书，然后走出门，去实践你的梦想吧！

我并不会让你们去把世界变得更美好，因为我不觉得这是人生计划中必不可少的一部分。我只是让你们生活在其中。不是仅仅去承受这个世界的苦，或只是在这个世上走一遭，而是要真真切切地生活在其中。

要观察它，设法去看懂它。要勇敢地生活，要敢于冒险。要自己创业，并以此荣。要把握时机，活在当下。如果你问我，你为什么要费心费力去做这些，那么我会告诉你，坟墓是一个又舒服又私密的地方，但我想不会有人喜欢那里。在那里，人们不能唱歌，不能写作，无法争论，看不到亚马逊河的大潮，也触摸不到他们的孩子。所以，当你能做的时候就要去做。祝你们好运！

目 录

Chapter

1

改变人生的旅程：
我的互联网生涯开始了

只有当人能够洞察自己的内心时，他的视野才会变得清晰起来。向外看的人是做梦者，向内看的人是清醒者。

——卡尔·荣格（Carl Jung）

我的互联网生涯并非起源于某一梦想，也没有起步于车库，甚至无关什么创新的顿悟——这可是许多创业家在回首往事时常常浓墨重彩描述的一点。

技术创业家杰瑞·卡普兰（Jerry Kaplan）在其畅销回忆录《IT 创业疯魔史》（*Startup*）中曾写到，当他发现自己的伟大想法时他激动不已："这种独特的情感——现代科学意义上的宗教顿悟——以它的原力和纯粹令我们震惊……我们一时说不出话来。我看到米切尔的目光呆住了，泪眼朦胧。"

我真希望我的顿悟也能令我震撼，可惜它过去不是，现在大多数时候也不是。

>>

为什么我们能清晰地记住某些时刻，即便那些时刻在当时再普通不过？当然某些记忆毫无疑问会永远铭刻在你的脑海里，例如冠军赛、结婚典礼之类。我仍然记得 2000 年的那一天，那一天与其他普通的日子没什么两样，我当时上六年级，科技课老师保罗·威廉姆斯（Paul Williams）和柯克·洛里（Kirk Lorie）在黑板上写出了我们要建立一个新网站的想法。我当时坐在机房后排，觉得这个想法有点儿意思，如果拿它作为这个学期的课题会挺有趣。然而，我并没有过多地考虑过这次"作业"。事实上，我能如此清晰地记得那一刻，意味着我在潜意识里知道自己即将开启一段改变人生的旅程。

3

我们的想法其实非常简单：市民们常常会抱怨自己家附近有某些东西被破坏，例如路灯坏了，路面出现坑洼，树枝折了，等等，我们的目标就是为他们提供一个网上发泄的场所。这个想法最初的起源是我们这群六年级学生的集体抱怨：我们都觉得烛台公园（Candlestick Park），也就是原来旧金山 49 人队体育场，里面的座位太脏了。[1] 班上的同学几个月来一直在讨论这个想法，但最终失去了耐心，转身讨论其他的话题去了。很快，一个学期就结束了。关于网站的话题，我们只想出了一个网站名称——解忧网（ComplainandResolve.com），还得出了一个"说起来容易，做起来难"的共识，除此之外，再没有任何实质性的成果了。等到放假，大家就各忙各的去了。

只有我例外。几周后，我返回学校机房，去那里享受飞快的网速（家里的拨号上网实在是太慢了）。那时是 2000 年 6 月，互联网热潮席卷了整个旧金山。我决定浏览一些科技类的网页文件。当我发现创建网页是那么简单时，我开始把暑假大量的时间投入到创建"解忧网"的工作中。首先，我需要完善最初的想法。为市民提供一个单纯发泄情绪的地方是远远不够的——我们还必须帮助他们解决他们所抱怨的问题。如果市民有抱怨，但他们不知道该将问题反映给谁（也不想费力查找具体的政府机构）或当地政府没能给出令人满意的解决方案，那么他们就可以联系我们（解忧网），我们会为他们提供帮助。所以我想，为了给他们提供帮助，我们就必须汇编一个全面的名单，上面包含所有加州地方政府机构的信息。其次，我们需要施加些压力——也许相对于市民个体，政府回应消费者权益组织的速度要快一些。

到了秋天我升入七年级的时候，网站的准备工作已基本就绪，我也向父

---

1 烛台公园体育场位于旧金山，历史悠久，是职业美式足球联盟旧金山 49 人队的主场场地。——译者注

母汇报了我的新进展。我需要学习如何运行网站，例如，如何使用超文本标记语言进行编码，如何注册域名等。这些和其他工作都需要花费时间，但更重要的是，它们都需要金钱。如何才能筹到钱呢？我打开 Word 文档，调出备忘录模板，然后给我的父母写了一份简短的备忘录，请求他们借给我200 美元来运行网站。令人欣喜的是，他们同意了，并把他们的信用卡借给了我。

随着网站的发展，我的情绪也变得复杂起来。憧憬着赚钱？当然了，每天我都会阅读报纸上关于新晋百万富翁的报道。我也喜欢帮助人们解决他们的烦恼。不过，更为重要的是，也是我认为的，大部分创业者都会说："我想修好某样坏了的东西。"

头脑风暴：如果你勇敢站出来，谁知道会发生什么

所谓创业精神，有时只不过就是指勇于站出来展示自己并承担小小的风险。

在科技课上，我们围绕一个商业创意展开集体讨论，集思广益，但后来无人跟进，也就不了了之。而暑假中我每天都去机房，把我们讨论的想法变成了现实。

我挺身而出，展示了自己。

当你站出来的时候，你就冒着遭遇尴尬和失败的风险。在创建Comcate 公司早期的时候，我经历了许多风险。我将原型编程的任务外包出去（不错的决定），以极低的折扣价把商品出售给早期客户（正确的决定），雇用临时 CEO 撰写商业计划（错误的决定），在交付模式的选择上决定采用托管软件而不是现场安装（很可能是个正确的决定），

偷偷溜进好几个非供应商的会议游说潜在客户（正确的决定）。

今天，我仍然在冒险，虽然在冒险前会更为深思熟虑、全盘衡量——我会考虑潜在的优势和可能的劣势以及它们出现的概率。我在自己的博客里展示我的生活和工作，并完全坦诚地接受人们的评论——评论的人真不少啊！我的行程遍布全球各地，甚至去一些非英语国家或地区。在 Comcate 董事会上，我努力倡导一些非主流的观点。

伟大的创业家敢于站出来，勇敢面对小风险（有时则是大风险），当他们困惑时他们举起手，努力去搞清楚眼前的局面以及如何改善当下的状况。

当你挺身而出，举起你的手时，你就已经胜过了 90% 的人。

>>

"你出名了。"一天早晨，在叫我起床时，妈妈在我的耳边轻声说道。北加利福尼亚州最大的报纸——《旧金山纪事报》（*San Francisco Chronicle*）在其商业板块为解忧网开设了一个专栏，这让我很吃惊。是的，我的确曾跟一位记者谈到过我的事情，他之前从网络留言板上听到些风声，可是我的网站还没有启动呀！我很沮丧，因为人们很可能会访问网站，却发现网站还没有准备就绪。不过，嘿！这起码证明创建一个这样的网站是有必要的。在启动网站的新动力推动下，我完成了所有的网页，并把它们上传到服务器。瞧！解忧网就这样诞生了。

我坐在电脑前，等待抱怨从不满的市民那里涌来。我等待着，等待着。难道都没有人抱怨什么吗？我困惑不解。过了一周我才明白过来：网站建好后我不能就这么一屁股坐在这里静候抱怨上门（当时我追随的榜样是那些同样信奉着"只要网站建设好自然会有访问量"的互联网公司）。既然《旧金山纪事报》刊出的文章看上去不错，那么我决定用我在公共图书馆学到的那些模板编写一些新闻稿。经父亲起草后，我把稿件寄给了几家当地的电视台，稿件标题为"12 岁少年创办大型市民投诉网站"。三周后，虽然我什么都没有做，只不过是创建了个网站，发出了几篇冠冕堂皇的新闻稿，竟然就有两支摄像组出现在我的学校里，跟踪拍摄我的一举一动。你要想方设法吸引公众关注你的公司。

我之前从未做过电视访谈。在接受当地电祝台一对一采访的前一天晚上，父亲把家里的旧摄像机拖了出来，跟我在我的卧室里进行了彩排。父亲一边摄像，一边问我问题："继加利福尼亚之后，解忧网下一步计划往哪里发展？"我回答道："嗯，这是一个很好的问题。我们很可能向南发展，沿着拉丁美洲海岸，然后转向内陆，进军巴拉圭、巴西等国家。"当父亲意识到我是在开玩笑的时候，我大笑起来。真正采访时一切进行得很顺利，直到记者问到公司"管理费"（overhead）的问题——这个词对我来说还是个陌生的商业术语。我疑惑地看了一眼制片人，然后我们继续进行下去。整个采访期间，只有一次让我感到不舒服。南湾新闻电视台（South Bay News Station）显然想要沿着一个孤独的孩子沉溺于电脑的故事线索来进行报道。穿过卧室窗户，摄像师把镜头推向街对面的公园，拍摄了正在公园里玩耍的孩子们，录制了他们不断传来的欢笑声，然后把镜头重新拉回到我这里，这时记者问道："你是否认为你错过了自己的童年？"我有点吃惊，接着脱口而出："要知道我已经读过所有哈利波特系列的书了！你再看看那些我拿过的体育奖杯！"

以后我可能会接受更加严肃和更高规格的媒体采访，但从那一刻起，我只知道一件事：千万不要得罪帮你免费做宣传的媒体。

>>

当地新闻报道见效了，我们每天都会收到几条投诉。加州各地都有市民发来邮件抱怨他们当地的问题。我亲自汇编了一本 400 页的《政府部门黄页》，其中收录了加州各地政府各个部门的所有电话号码。每当我接到投诉，我就查阅这本《政府部门黄页》，找到相关地方政府部门的联系方式，然后拨通电话，父亲或母亲负责沟通，我则拿着另外一部电话，静静地听着。当你年纪尚小时，很难与成年人进行专业的交流，更何况是政府官员了，所以那个当下便成为了我重要的学习时刻。打完电话，我会发邮件告诉市民最新的进展。

终于我能够自己给政府部门打电话了，不过话又说回来，这种事情真是伤脑筋。在电话中转述客户的要求并不难，但电话的开头和结尾却不那么简单。尤其是如何才能专业地结束一封语音邮件。很快我就记住了一些结束语："我期待尽快得到您的回复。谢谢！""非常感谢，保重。"或者就是简单的"谢谢！"有时我会搞砸，因为在留下我的电话号码，表达了极其特别的感谢后，我会重新回到脚本化的结束语："再次感谢您，多伊先生。谢谢！"后来，我了解到这种尴尬同样也困扰着成年人。

尽管经常搞砸语音邮件，但我还是与那些渐渐习惯跟我打交道的市政工程主管们建立了关系。当地报纸继续报道着我的免费服务。湾区网（BayArea.com）把我的网站提名为"本周最热网站"，这为我们带来了大量的浏览量，他们还送了一件免费的 T 恤给我。现已停刊的《行业标准》（*Industry Standard*）对我进行了专访，亚马逊公司的创始人杰夫·贝佐斯把我说过的话收入了"本周名言"（"现在美国的抱怨声比以往任何时候都多，所以我们认为现在是启动网站的黄金时间。"）。看到类似"神童""奇才"的标签后，我非常惊讶。我只不过是建了一个网站而已。

>>

随着网站的发展，我不得不为我稚嫩的新业务添置一点点基础设施，只要能避免窘境就好。汤姆·阿米亚诺（Tom Ammiano）是一位著名的旧金山监督委员会（San Francisco Board of Supervisors）委员，有一次他亲自回复了解忧网的电话。当时，解忧网的电话号码就是我家座机的号码，我哥哥接的电话，他问："嗨，你是谁？哪个汤姆？"在我看来，汤姆·阿米亚诺亲自回复电话就如同比尔·盖茨亲自回复微软技术询问一样。最终事情还是解决了，但你可以想象随后我和哥哥间的对话是怎样的（当然，没有诉诸暴力）。在这次事件后，我开通了免费语言信箱号码，再也不"接听"电话了，但我能收到信息，然后等到我哥哥不打电话并且我家的狗没在后院叫的时候再用座机回复他们。

>>

在与点击付费广告公司签署合同之前，我的脑海中没有任何赚钱的概念。该公司在我的网站上发放广告，每当人们点击一次，我便能挣几分钱。每积累到 20 美元广告公司给我结算一次。可是我只攒到 18 美元，那家广告公司就破产了。大概也是在那段时间，有一位《奥克兰论坛报》（Oakland Tribune）的记者在采访中问到我是如何赚钱的。我一时不知道怎么回答，于是她大笑了一声，那笑声让我有些恼火，仿佛她的意思是："哦，你只是个网站企业家。"我挤出一个笑脸回应她。不过她说得没错，我当时已感到厌倦。

>>

我很高兴我做成了一些事情，但同时也意识到这种工作已不再是一种乐趣，反而已经变得让我厌烦。这是一个非常清晰的信号，它告诉我应该去做点别的了。解忧网已经与加州的几十个地方政府部门建立了联系，并且帮助一百多名市民解决了他们的问题。从这个角度来看，尽管并没有挣到钱，但我认为这次尝试是成功的。

所以七年级结束的那个夏天，我反思了我是多么投入地经营着这个网站，既兴奋，又疲惫，即使它规模很小。进行反思的并不只有我一个人。20世纪 90 年代的互联网泡沫已经破裂，相当多的创业者都在进行认真地思考，只不过他们思考的是怎么会在短短几年内散尽了 5 000 万美元，而我思考的则是我是否真的要做一个与众不同的人，还是应该多花时间跟学校的朋友们在一起，讨论讨论谁是最漂亮的女生（如果你已记不清初中的日子，我可以告诉你这就是那个阶段大多数男孩间谈论的主要话题）。

到了八月，我意识到我已经学到了许多关于政府如何运行以及创业者如何创建公司的知识。很多美国人都不清楚我们的所得税、房产税或交通罚款都花到哪里去了，而与他们不同的是，我对我们国家以及地方政府系统的理解与日俱增。虽然有些时候公务员办事效率低一些，但我十分感激他们孜孜不倦地工作，尤其是有一次为了回应我一个客户的抱怨，一位交通工程师用了 30 分钟的时间跟我详细描述了他是如何在道路下方安置传感器来精确设计红灯时间的。

在商业方面，我学到了独资公司和有限公司的区别，了解了客户关系和市场营销，掌握了如何书写商业信函和接打商务电话。在技术方面，我学到了如何跟海外承包商打交道。我了解到"扁平化"的信息经济能够带来奇迹，甚至像我这样缺乏经验的年轻人都可以参与其中。

所有的这一切归结为一个启示：通过解忧网我学到了很多，我已经做好准备继续前行。去做什么，我不知道，但一定是一些宏伟的、可以改变世界的事情……

智囊团：对自己的人生负责

海蒂·罗森（Heidi Roizen）

那时我大三开学才三周，我的男朋友就在一场空难中罹难。这是一场可怕的灾难，但却让我的生活向好的方向转变。

当然这并不是因为杰夫是个坏人或是该死。事实上，他人非常好。但他的离世让一道强光投射在我自己的生活上，让一切清晰可见，而我并不喜欢我所看到的。

在杰夫去世前，我是一名快乐的普通学生，放学后屁颠屁颠地跟着他去追逐他的飞行梦。突然，这个计划——如果可以称它为计划的话——消失了。我突然看到自己满足于跟随他人的梦想，而且不知在何处已经放弃了自己的梦想。我难以承受这个既失去杰夫又失去自我的事实，我已经完全成为他的附庸。我向自己许诺：再也不要依赖另外一个人来找寻自己人生的意义或方向。我要对自己的人生负责。

从那时起，到现在已经差不多30年了。正像尔一样，我也经历了许多挑战。但是对于任何一个挑战，我都坚信：我需要自己主导我的人生——我不期望其他人去规划我的人生，改正我的错误，解决我的问题，让我开心。这个信念支撑我度过了一些艰难的日子，也激励我获得了一些相当不错的成绩。顺便提一下，这与结婚生子并不冲突。我只是不把他们当成我人生的全部意义。

杰夫去世大约一周后，我在邮件中收到他最后的工资——60美元，在当时，这是劳动 25 小时换来的酬劳。我记得我当时在想，如果我能买回他这 25 小时，我愿意支付百倍甚至更多的钱。它深刻地提醒着我去思考时间的价值——当你感觉自己拥有无穷无尽的时间时，一个小时有多少价值？而当你的时间变得所剩无几甚至消耗殆尽的时候，一个小时又值多少钱？另外杰夫的离世还让我领悟到：对自己的人生负责的意义之一是指对自己能快乐地生活负责。如果你的生活不快乐，那么不要把责任推到别人身上。自己去找找原因，依靠自己的能力和主张让自己的生活变得更快乐。

时间对我来说很宝贵。我每天都努力做些快乐的事情——或大笑，或玩耍。我可以代表本和所有我知道的成功的创业者们说：生活过得愉快，事业也会有所成就。

所以，为你的每一天负责，不要让别人主导你的生命旅程。这决定了你能从这个世界获得什么，以及你能为这个世界贡献什么。因此，一定要对自己的人生负责。

My Start-up Life:
What a (Very) Young CEO
Learned on His Journey Through
Silicon Valley

海蒂·罗森曾是一名企业家，目前为硅谷颇具影响力的风险投资人，是美国国家风险投资协会（National Venture Capital Association）会员。

Chapter

2

创业基因：
先天还是后天

没有哪座城市能像旧金山那样使人们的心灵走进生活。来旧金山是一种人生体验。

——威廉·萨洛扬（William Saroyan）

通常人们在听到我的故事时会这样问："等等，等等，等等——你刚才说什么？你是说这些都发生在你 13 岁的时候？你是怎么创业的？为什么要创业？你为什么不去打棒球或做些 13 岁的孩子通常做的事情？你做这些事情的时候，你的父母都说什么了？"

我有一个正常的童年，没有"小小爱因斯坦"（Baby Einstein）里面那一套似乎代表着 21 世纪美国成功家庭的常规活动。[1] 我在旧金山接受的家庭教育是有点老式的那种，想想看：整天待在户外，没完没了地打篮球，踢足球，全家人一起去美国西部旅行，激怒（有时是虐待）哥哥们，不停地做各种蠢事。那时的我从来就没有一刻会感觉无聊。

创业精神很早就在我的生命中生根了——大概是在 7 岁的时候——但肯定不是因为外在的影响。我想去创业的欲望来自于内心，我的内心有一个指南针，当我遵循它时，往往都会走上正确的道路。在我们的家族中没有一个企业家。我的父母从来没有说："本，你可以做任何事情，你能成就任何事业！去大展宏图吧！"在我 4 岁那年，我在我的卧室外开了一个商店，卖一些从我父母和哥哥的房间里偷来的杂志和其他一些东西。对此，我爸妈问道："好吧，你这家商店的营业时间是什么时候？"有一次我买了一部自动糖果售卖机，一块糖卖 10 美分。我的父母并没有说："哇哦！太不可思议

1　Baby Einstein，中文译作小小爱因斯坦，是由美国迪士尼公司子公司推出的针对 3 个月到 3 岁婴幼儿的早教多媒体产品和玩具。其主题主要包括古典音乐、艺术、诗歌等，旨在开发孩子的各方面潜能。

——译者注

了！看到做生意是多么有趣了吗？"与之相反，他们的反应很平淡，还调侃说："好在你的哥哥们喜欢吃甜食！"

>>

我可能从父亲那里继承了他谨慎保守的外表。在他小的时候，他的父亲经常出差，无法参加他学校组织的许多活动。他的母亲没有上过大学。他念的中学和大学都只有男生，而且学校离家有 3 000 英里。[2] 毫无意外，在这种环境中长大的他养成了独立的个性，外表拘谨，感情内敛。他像我一样，找到了自己的精神生活。他热爱金融和法律，是这些领域的沟通专家。

尽管我和妈妈的世界观非常不同，但她的爱仍然对我产生了影响。她教我如何在报纸上找到优惠券，然后剪下来拿到商店里用。她给我书籍让我阅读，让我迷上了公共图书馆，劝我读报纸。如今，我在那些无关紧要的方面都非常节俭，而在阅读方面却已经成为一个真正的书虫。

作为一个孩子，我对我妈妈的要求不同于其他大多数孩子。大多数孩子会要求妈妈在他们练完足球后去接他们回家，而我则要求妈妈开车送我去利弗莫尔市（Livermore）做推销；[3] 大多数孩子会请求妈妈辅导家庭作业或帮助他们安排日程，而我会请求妈妈在午餐时帮我送一套西装过来，顺便把我公司的税务文件寄走。所有这些其实都相当于一种工作关系，与我和爸爸之间的那种关系差不多。

一天，厨房里不断飘出来的阵阵香气吸引我走了进去，那是烤箱里的巧克力饼干散发出的阵阵香气。妈妈一边烤着饼干，一边跟着收音机里的古典音乐吹着口哨。我随口告诉她，门洛帕克市（Menlo Park）刚刚同意试用我

2　1 英里大约等于 1.6093 公里。——译者注

3　利弗莫尔市，美国加利福尼亚州西部的一个城市。——译者注

们的测试版产品。[4] 她立刻就笑了,抹了抹手,然后坚定、热情地握了下我的手。

这是属于我们的拥抱方式。

头脑风暴: 有关"激情"的焦虑——如何挖掘出自己的激情

"找到你的激情并跟随它。"无数的指南书提出了这样的建议。这听起来多么简单!

几乎每所大学在招生时都会询问你热爱什么。这个问题让 17 岁的高中生感到焦虑:"要是我不知道自己热爱什么会怎么样呢?"一位面临中年危机的候选人也问了一个类似的问题,当然这只是针对他个人的:"这么久以来我为什么要假装这就是我热爱的东西?"

找出你喜欢做什么以及如何从中赚钱是人生最棘手的挑战之一。我非常幸运,年纪不大就自然地喜欢上了创业和写作,而且非常清楚自己未来 20 年至 30 年会做什么。如果你没能像我这样,也不必恐慌——因为大多数人都不知道自己到底喜欢什么。你可以去问问那些 40 多岁的人,看看他们现在所做的工作是不是小时候预期的那样。

找到你的激情是指去发现有什么活动、原因、想法、人或地点会让你感觉热血沸腾、兴奋不已。心理学家米哈里·契克森米哈伊(Mihaly Csikszentmihalyi)称这种状态为"心流"。[5]

---

4 门洛帕克市,美国加利福尼亚州圣马特奥县东南部的一个城市。——译者注

5 米哈里·契克森米哈伊认为心流是一种最佳状态,人们在心流状态下最为快乐,这是一种人们因为过于沉浸在一项活动中而忽略身边一切事物的状态。——译者注

在发现激情的过程中最为关键的一点就是要探索未知。除非你的遗传基因把你引向某一活动，否则如果不去拓宽自己的话，你是无法找到自己的"心流"的。你要去陌生的地方旅行，和各行各业的人打交道，尝试一份你原本不想考虑的工作，读一些你不感兴趣的书籍，这些都非常重要。一次，我偶然读到了一篇关于大脑的文章，我突然发现原来我对神经科学那么感兴趣。还有一次，我心血来潮报名参加了一个交换生项目，结果却发现原来我真的很热爱国际旅行。通过一次课堂作业，我进入了令人兴奋的创业环境，这让我有可能去改变生活，解决问题，同时赚到钱。经商成为了我生活中的激情，特别是那种以人为本、旨在让普通人的生活变得更美好、更轻松的业务。我也热爱管理，好的管理思想可以使人们得到启发，做更多超出自己预期的事情。

你必须信任这些探索的方法，去寻找一些新鲜的体验，这样新的兴趣以及从未被发现的力量就会浮现出来。要相信自己。

这并不容易。我曾遇到一些五十几岁的人，当我问起他们为什么会做他们所做的工作时，有人这样回答我："我父亲一直想让我从事进出口生意。"父母、顾问、老师以及朋友都会让你在寻找激情的路上走得更加艰难，因为他们的建议都掺入了自己的偏好。所以要小心。

如果你不喜欢你正在做的事情和做事的方法，那你就不会把它做得很成功。这是真的。但是也不要因为找不到激情而大惊小怪，引起不必要的焦虑。其实对激情的追寻就像对幸福的追寻一样，需要我们一生的努力，而那些思想豁达的人终会得到回报。

当创业点燃了我生命的激情时，我的家人即使不太理解，也给予我全力的支持。在妈妈的帮助下，我开始每周日去 CompUSA，照着他们的报纸广告去找那些可以获得 70 美元 ~ 80 美元返利的产品。[6] 我会把这些产品都买下来，提交返利申请，然后再去易趣网（eBay）以略低于零售价的价格把这些产品转售出去。我妈妈并不觉得这想法很有意思，但她无条件地支持我的事业，有时甚至开半个小时的车带我去南边的戴利城（Daly）寻找可以返利的商家。

虽然我认为我的返利计划很精明——毕竟每年会有 5 亿美元的返利无人领取，但我的父母更在乎的是给予我自由和爱，允许我去追求我感兴趣的事，不管这些与他们的喜好有多么大的不同。

而他们愿意这样做对我产生了巨大的影响……因为转眼间，我已将束缚我自由的缰绳拉扯至最大……然后彻底将它切断了。

---

6 CompUSA 是美国经营消费电子产品、技术产品和计算机服务的零售商和经销商。——译者注

Chapter

3

创业第一公理：
找到一种需求然后满足它

没有什么大问题；只有很多小问题。

——亨利·福特

我

庆祝解忧网周岁生日的方式是将它关闭了。

我学到了一些有关地方政府和商业经营的经验，我想用这些经验开始创建新业务，所以是时候该超越我的第一个创业"练习"，去瞄准更广阔的天地了。

>>

通过研究，我发现有一个市场对风险投资来说是一块肥沃的土地，那就是消费者投诉反馈领域，这里商家云集，例如，投诉反馈网站PlanetFeedback.com。消费者可以在这个网站上投诉某公司或某产品，然后该网站会把投诉信件转发给相关方。他们盈利的方法是为企业提供先进的软件工具，帮助他们对消费者通过该网站发送的成千上万的投诉信件进行分析。

看到这种商业模式，又联想到我与动作迟缓的政府机构打交道的经历，我的大脑里突然迸发出了火花。

头脑风暴：边缘想法记录清单——大多数奇思妙想的摇篮

偶然的想法、读到的名言、需要交谈的对象、在我最喜欢的咖啡馆里无意间从隔壁桌听到的有趣的对话、报纸评论中推荐的一本书、

灵光乍现的好主意、博客素材、短期内要做的事项、长期的计划，以及最重要的——新鲜的商业创意！

每天都会有几十个边缘想法进入我们的大脑。它们与我们手上的主要工作可能相关也可能不相关。它们的成熟程度也各不相同。

我总是尽可能多地去捕捉、记录、回顾、完善并在我的博客上发表这些边缘想法。此外，整理边缘想法不但可以让你更加健谈，而且还能够培养你更加理性、清晰的世界观。

在你记录这些想法的清单上应该有"新创意"这一栏。每次当你想到有些事情可以有更好的做法时，你就要把这些想法记录到这一栏中。记录的时候不要反复斟酌、过于谨慎。记录边缘想法是一种提升创造力的练习。研究表明，一旦我们为了连贯性、正确性、完整性而试图给我们的思想添加一个过滤器时，思想的热流就会冷却下来。

那么在我的边缘想法记录清单里都有些什么呢？这里有一个样本。

- **商业点子**。在进行语音留言的时候，按下手机上的一个按键，然后手机自动记录下你的声音留言（"嘿，我是本·卡斯诺查，请回电至 415-×××-××××。"）。
- **长期计划**。去上表演课。
- **名言**。"没有什么能比得上获取信任的速度。"——史蒂芬·柯维（Stephen Covey）。

当你开始一项新的业务时，请翻阅你的边缘想法记录清单。许多伟大的思想都是在这里萌发的。

如果我们不是帮市民解决投诉而是帮助地方政府处理这些市民的投诉会怎么样呢？这一突破性的想法让我很兴奋，我马上就把它记录到我电脑的 Word 文档里——我总是这样对待我的想法，不管它们是多么地不成熟。

接下来的几周，我对那些专门帮助私营企业管理客户服务的公司进行了研究。一般情况下，公司都会把客户服务业务外包出去。有一些公司外包的是客户服务呼叫中心，有些外包的是客服邮件回复业务，还有一些外包的是客户反馈的征集和调查业务。我研究着这些选项，思考着有哪些可以适用于地方政府。我的市场调研表明，大部分地方政府完全被那些瞄准着私营企业客服的公司忽视了。

这让我不解。地方政府要服务成千上万的"客户"，它们永远不会停业，而且在采用省钱的技术方案方面通常会滞后于私营企业。此外，一旦地方政府购买了你的产品，便很有可能一直跟你合作下去。不过，这个市场也有一些众所周知的恶名：销售流程很长，偶尔会预算不足，工作人员过度劳累，而且在技术方面，政府部门要比私营企业滞后好几光年，所以它们可能并不愿意购买什么尖端技术。

为了确认这些假设，进一步了解这个市场，我求助于我强大的人脉网络——我的父亲，并向他征求意见。他认识一位地方政府长官——加州安提俄克市（Antioch）的市执政官迈克·拉姆齐（Mike Ramsey），而他恰巧也看过我的电视采访。[1]

我们预约好去拜访迈克，看看他对客户服务是否有什么需求。

>>

在会面之前，我就把我要设计一款产品来帮助地方政府管理市民投诉的

1　市执政官（city manager）是大多数美国城市政府的首席执行官。市执政官由选举产生的市议会任命并对市议会负责。

想法形成文字发给了迈克·拉姆齐。

大日子终于到了，这时我才意识到我还没有西装，于是我借了一件白衬衫穿上，让妈妈给我系上领带，最后又在外面罩上了一件便宜的二手运动衫。45分钟的车程之后，我们抵达安提俄克市政大厅，走进拉姆齐陈设简单的办公室。拉姆齐把我发给他的文档递给我，上面写满了评论和反馈。让我激动的是他喜欢我的创意。他提到市政府的工作人员在裁减；他的秘书每周要花几个小时的时间来转发和管理电子邮件；他告诉我所有的城市执政官都要取悦他们的市议会，而无论是执政官还是议会委员最不想听到的就是有市民在议会上抱怨政府没能及时回应他的投诉；他说他很难满足市民的期待——星期五晚上提交的修理请求并不意味着星期六坏掉的路面就能补好。总之，在这两个小时的会晤里，拉姆齐教给我的是其他创业者们花几个月的时间才能得到的：直接从客户口中听到他们对自己所面临的问题以及理想的解决方案的描述，还有对现有市场的全面描述。

这次与拉姆齐的会谈一直是我创业生涯中最有影响力的对话之一。而且理所当然地，这也是最累人的一次。现在我仍能回忆起那时的疲惫。我坐在椅子上，精神高度集中，像个成年人一样说话行事，而两个小时对一个13岁的少年来说的确是太累了。

>>

当你要探索一个新想法的时候，你应该立刻去找一些知识渊博的资深人士好好谈谈。我必须要强调这样做的价值。即便你没能像我一样有我父亲牵线搭桥，但如果你试图解决的问题足够重要，而且你确实能提出富有价值的对策，那么那些明智的潜在客户应该会见你的。

现在回过头去看，拉姆齐的观点只是市场中纷繁复杂的看法之一。所以很重要的一点是要注意区分"早期客户"（总想走在前沿的创新类型）与"主流客户"（更趋向于规避风险、行动相对迟缓）。通常主流客户会比早期客户更多，但你首先需要与早期客户签下订单。

>>

在接下来的几个月里，我把精力集中在那些创业初期的关键任务上。这些任务大都单调乏味、冗长繁琐。但是我早已习惯了这些套路。首先，我将地方长官在市民服务方面可能会面临的挑战都列出来。在这个阶段，还没有必要划分出哪些问题是顽疾，而哪些是小恙。现在重要的是，把这些挑战都归置到城市管理者——也就是我们的客户——他们自己描述的具体问题当中去。我在每个问题后面都列出了哪些人会受到该问题的影响（也就是说在该组织中有哪些人会因这一问题而头疼），以及该问题目前的解决方法。随着我对这一市场了解的深入，我意识到有些问题的存在是客户尚未意识到的。但是对企业来讲最容易的是去瞄准那些客户已知的、双方达成共识的问题，并承诺把这些问题解决得更好，而不是去说服客户，告诉他们你能够帮他们解决一些他们目前还没有看到的问题。

头脑风暴：反馈，反馈，还是反馈

我创立 Comcate 的时候认识了一位地方政府长官，后来他把我介绍给了另一位政府长官，接下来，这位长官又把我引荐给了下一位。就这样，我慢慢地建立起自己的潜在客户网络，并在开发产品的过程中不断地向他们征求意见。因为有详细的反馈，所以我开发的产品有别于那些闭门造车的发明，其实用性得到了客户的认可。是否能得到客户的反馈决定着产品的成败。

客户的反馈是一个成功的产品在其开发过程中必不可少的关键因素。你应该走出办公室去拜访那些潜在客户，研究市场，与人交谈，征求意见和批评，询问改进创意的方法。如果不这么做，你的创意很有可能会经历坎坷。

不过我还要给你三个忠告。首先，不要把一个人的声音当成整个市场的代表。仅仅因为一个潜在客户说她会喜欢某产品，并不意味着这个产品就会有市场。其次，有时候客户太过安于现状，他们想象不出要改变什么。真正的创新很少是从客户的反馈中萌发的，但是好的产品必须倾听客户的声音。正如福特汽车的创始人亨利·福特曾说："如果我问人们他们想要什么，他们会说跑得更快的马。"最后，由客户代表组成的讨论组可以很有效，但是你要知道很多参与者只想着取悦组织者而不提供他们最真实的想法。

在我创建完地方政府的市民服务问题列表之后，我针对这些问题提出了更优的解决方案，然后把我的想法介绍给潜在客户——这一任务可不简单。没有哪个长官（或就这点而言，没有哪个人）愿意承认他/她现在的做法是错误的或效率低下的。因此，对谈话进行精心设计就显得非常重要了。通过设计，我们的客户在谈话过程中能够意识到他们的做法是能够改进的。其实真正做起来也没有听起来那么难。可以先问一些引导性的好回答的问题，然后把对话引向你想要的方向，直到客户走完自我发现的过程。你想要的是得到反馈，所以重点不是听到你想听的，而是启发潜在客户打开心扉，接受一种新的、更好的做事方法。

>>

有了问题列表、目前的解决方案，以及可能的优化方案，下一步的任务就是按照轻重缓急进行排序。我和迈克·拉姆齐（以及他的一些朋友）又谈了一次。"这些问题有多重要？"我问道。有些问题只需要使用"维生素"，也就是使用可以"锦上添花"的产品。而有些问题则需要使用"抗生素"，这意味着它们是关键问题。大多数最赚钱的企业解决的都是关键问题，或者提供"必需品"。我知道对一个组织来说，客户服务并不是关键任务（而财务、工资、采购系统等都是关键任务）。那么我的产品将会是维生素。那时候我还没有完全理解卖维生素而不是卖抗生素会面临什么样的挑战。[2] 这可能是因为我本人并没有真正需要过。像大多数孩子一样，我有"想要的"，但从未想过"必需的"。食物、住所、衣服都由我的父母操心。我观察世界的眼光还没有那么敏锐，而敏锐的眼光是所有伟大的企业家都会拥有的。

>>

"你会出多少钱买这种产品？"我问过很多地方长官。这个问题很关键，因为我想确认拉姆齐想买的是哪种价值的产品，是 1 000 美元还是 10 000 美元？我以为这种直接的问题可以帮助我们快速而方便地估算可以帮助地方政府解决市民请求的产品该收多少钱。但是这种讨论方式其实是很不恰当的。现在从我们每笔交易的平均收入来看，我们的焦点客户预计的价格要高于市场定义的价格。

而更好的方法（我真希望我当时用的是这一种）是算一算客户的问题会花费多少钱。比如，一个员工要花费四分之一的工作时间转发和跟进市民的

---

2 Comcate 后来开发出了"抗生素"产品，销售就容易多了！

投诉，如果我们的产品可以替代这位员工的工作，那么这款产品的价值就大概是这位员工工资的四分之一。另外一种确定产品价格的方法是参考同行业其他软件交易的数据。不过我没有这些数据，所以没法用这种方法定价。

>>

慢慢地，但也是一步一个脚印地从"找到一种需要并满足它"这一过程开始，塑造出一个具体有形的产品概念。有一天，我穿着睡衣坐在卧室里，一遍又一遍地读着我和拉姆齐之间的电子邮件以及我写下的会议笔记，我的思绪又飘回到我和这些成年人最初会晤时的情景——拘谨的礼节，上了年纪的人身上怪怪的味道，还有不好笑的玩笑话。我心想着："这也没有那么难；我坚持了下来。"幸运的是，我没有去想已经有成千上万的人在互联网泡沫中下岗，我也没有听到评论员说这是最不适合创业的时机。就在那时，就在那里，我闭上眼睛，深吸一口气，默默地说："我想创办一家公司来解决迈克·拉姆齐的问题。我不只是想，我马上就要动手去做。我要成为一个真正的技术企业家，卖真正的产品去赚钱，而不仅仅是一个网站。"在我毫无风险意识但秉着负责的态度的情况下我宣告了这一伟大的决定，然后我睁开了眼睛。我环顾四周，就像圣诞前夜竖起耳朵倾听屋顶上驯鹿的蹄声一样。不过什么都没有改变。我仍然是那个盼望着赶走粉刺的 13 岁的男孩。此时，我领会了那句话的含义：空谈是廉价的。

Chapter

4

Comcate 诞生了：
创立公司的点点滴滴

无论何时你看到一份成功的事业，必定有人曾做过一个勇敢的决定。

　　　　　　　　——彼得·德鲁克（Peter Drucker）

我们一生都会听到这样的教导：要做什么事情首先要寻求别人的允许。而有一位智者则说，他宁愿寻求别人的原谅。

如果你在做事前的第一反应就是去寻求某人——某些"权威"——的允许，那你很可能不是一位创业者。我从不认为只有到了 18 岁或 21 岁才能开公司。给我一块油画布，我便能够开始作画了！

>>

2001 年的秋天放慢了脚步。过去的几个月多么忙碌啊。我已经学到了大量关于地方政府以及我的目标市场的知识。现在我需要学习如何成立一家盈利性质的公司。我感觉这与我家第一次安装互联网的经历类似——原本我以为我们只需要一个浏览器，后来才知道还有网络服务供应商这回事。

每一天我的情绪是高涨还是低迷主要取决于我自学的效果。学校没有创业课程，家里也没有创业的人，社会上也鲜有针对年轻人创业的指导项目，我只能依靠自己到图书馆去查询，在网络上搜索，在商业杂志或书籍中学习。我非常喜欢并且较为成功的做法之一是及时跟进商业会议巡回演讲，给演讲者们发邮件，请求他们把幻灯片演示的讲稿分享给我。尽管我并没有参加会议，但许多演讲者仍会发来他们的演讲材料。此外，我还说服了金门大学（Golden Gate University）允许我在夏天的时候免费旁听其管理和市场营销课程。

当这些自学的方法奏效时，取得的学习效果会非常好。我可以在自己的思想深处查找"优先股"的定义。我可以研究公共关系，自己琢磨这样的问题："他们是怎么让有毒淤泥这种东西听起来对人们有好处的？"而不需要为了答案拐弯抹角地打听谁有一个正好经营着小型公关公司的远亲。我可以反复地学习会计，并开始喜欢上了诸如 FIFO 和 LIFO 这类缩略词，只要不是 EBITDA 就好，每个工商管理硕士新生每天都要念叨这个词好几遍，连他们笔挺的衬衫和西服套装都盖不过由这六个字母组成的缩略词所带来的自命不凡和洋洋得意。[1]

当我的自学失败时，我就变成了一个来到大都市的渴望了解一切但领会的却很少的小孩子。我会详尽地阅读一些话题，例如，水平市场和垂直市场的区别。然而一周后，当我在会议中听到或在文章中读到这些词的时候，我的感觉就像是罗马天主教教皇本尼迪克特（Pope Benedict）在听基督教新教牧师华理克（Rick Warren）布道一样：这听起来像基督教，但 T 恤衫是怎么回事？跟自己被动地阅读一些东西相比，及时同接受过大学教育、经验丰富的成年人一起去应用、描述和分析这些知识会大不相同。积累一些随机的碎片知识要强于一无所知，但现实体验的缺乏使我无法把学到的知识转化成有实际意义的东西，我就像一个不会安装灯泡的书呆子一样。然而在一位导师的指引下，这种情况很快得到了改变。在那之前，我床头码放着的商业巨著不断向我重复着一个词：商业计划书。

>>

在互联网泡沫时期，没有哪个热词比"商业计划书"（the b-plan）更为流行。我曾听说过一些荒唐（但显然真实）的故事，那就是有人仅凭十页的

---

1 EBITDA：未计利息、税项、折旧及摊销前的收入。FIFO: 先进先出；LIFO: 后进先出。后两个缩略词为会计中的存货核算词汇。——译者注

魔幻计划书便筹集到了 5 万美元。像《创业家》（*Entrepreneur*）这类满是广告的杂志常常会在封面上打出诸如"商业计划书的五个关键要素"之类的字眼。对于创业新手而言，商业计划书看起来至关重要，尤其在你希望筹集到风险资金时。商业计划书怎么会变得如此性感呢？我不知道答案——它们只不过是一份文件而已，而且现在我知道一份商业计划书几乎在写完五分钟后就已经过时了。但当时我只是个创业界里初生的婴儿，所以就赤身裸体地上阵了。

头脑风暴：商业计划书的神话

关于商业计划书，人们往往迷信这样一种神话：好的计划书往往是鸿篇巨制，而且要耗费好几个月的艰苦劳动。而这种厚重的计划书带来的问题是：（1）没人会阅读；（2）在它被打印出来的时候就已经过时了；（3）你浪费了太多树木资源。与此相反，要这样想：

最好的商业计划书是简短的；

最好的商业计划书是动态的；

最好的商业计划书与其说是写给别人的，不如说是写给自己的，通过撰写计划书可以理清自己的思路。

在纸上写出你的商业创意的基本要素：你想打入的市场、该市场的竞争状况、你的产品或服务、你的盈利途径、你能召集的管理团队。使用 PPT 可能会限制你的发挥，所以只用一个简单的 Word 文档就好。

然后走出办公室。

去和人们交谈，分享你的想法，收集人们的反馈。不要过于担心保密性的问题——其他人很可能早已想出了这个点子，而且没有风投会签署保密协议。

> 在我创建 Comcate 的时候我就误信了上面所说的关于商业计划书
> 的神话，浪费了大量宝贵的时间和精力。你可千万别上当！

整个周末我都坐在客厅的沙发里，收音机里播放着我最喜欢的音乐，我的腿跷在咖啡桌上，腿上放着笔记本电脑，身旁还放着一杯冒泡的夏敦埃酒……好吧，其实没有酒，但我感觉舒心惬意。可是一起笔撰写商业计划书我就遇上了各种从未考虑过的问题。我满嘴空话，我自己也知道，我想写出些实质性的东西，但却只码出了一堆模糊不清的句子，例如"通过开发成本低廉的软件来改善地方政府的客户服务水平"。撰写计划书让我不得不用一种从未在课堂上学过的方法去进行创造性的思考。像在学校里那样利用现有的规则要点小聪明是不够的，因为我需要自己创造出一张通向成功的地图。现在摆在我面前的只有电脑上白色的屏幕和闪烁的光标。我的工具是我的大脑、书籍和网页。我可以利用的工具很少，而需要回答的问题却很多。

>>

天有不测风云。我的教父吉姆·埃德蒙（Jim Edmund），也是那个激起我的领结情节的人，他因罹患皮肤癌不幸逝世了。得到这个消息时，母亲、哥哥们和我正在加利福尼亚的拉森火山国家公园（Lassen National Park）野营。父亲发来的语音邮件声音断断续续，他提到了葬礼的时间，还提到吉姆的遗孀希望我能作为吉姆的义子在葬礼时发言（因为他没有子女）。我和父母一起起草了发言稿，谈的主要是钓鱼的话题。

葬礼那天，我走上发言席，望了望台下肃穆的人群，这是我第一次参加葬礼。我感到鼻窦周围一阵发紧——就像飞机降落时耳朵受压所感到的疼痛一样——这种痛使我把眼泪憋了回去。哥哥拿出纸巾，我看到他拭去了脸颊上的泪水。直到现在我仍无法确定他是真的在落泪还是在扮大人，因为大人们总是能够在合适的时间以一种可控的方式哭出来。不过，我却拼命不让自己流下泪来——我也想扮大人，但是我觉得此刻站在这个位置还是忍住眼泪更像大人。我很快讲完了，回到"亲人区"，得到了父母温情的鼓励。我的情绪并没有崩溃。但下一个上台发言的人却崩溃了。他哭了出来。他看起来至少有 40 岁。他在话筒前嚎啕大哭，抽泣声回荡在整个房间。我很困惑，这就是成年人的做法吗？这不是第一次我对成年人恰当举止的设想受到挑战，也不是第一次我为了努力适应环境而愚蠢地抑制着自己真实的情感。

葬礼结束后，从殡仪馆礼堂最里面到大门口我走了很久。我与其他座位上的人们进行眼神的交流。所有人年纪都比我大，所有人都微笑着，只有几个人的脸颊是湿润的。他们的表情似乎在对我说："讲得不错！"我微微点着头，心里诧异着：在这种场合下人们怎么还面带微笑呢？接下来我看到的一个人让我眼前一亮，他的微笑带有一种穿透力，我不由得对他多看了一会儿，就像你突然看到一位迷人的女士那样。当时我并不知道这位有着圆滚滚身材的头发泛灰，并和其他人一样陌生的先生今后会成为我商业生涯中最具影响力的人。

>>

几个月后的一天，我正闲散地写着尚未完成的商业计划书，父亲告诉我吉姆的遗孀桑迪（Sandy）联系到了吉姆之前的一个同事迈克·帕特森（Mike Patterson），当时帕特森已是普华永道会计事务所（PricewaterhouseCoopers）一位杰出的税务合伙人，跟许多创业者和风险投资者都有过合作。他在葬礼上听过我的发言，在桑迪的引荐下，他同意找点时间跟我见个面谈谈我的商业计划。

突然之间，我那半生不熟的商业计划书马上就要派上用场了。我紧锣密鼓地为与帕特森的见面做准备。我温习了我收集的那些关于创业和商业的书籍，重新编辑了商业计划书的草稿，准备好了我的商业名片。会面那天，当门铃响起的那一刻，我迅速地从打印机上抓起几份商业计划书（每份 7 页，缩略版），然后跟迈克·帕特森打招呼。

由于我没有寒暄的概念，所以直奔主题了。

"感谢您的到来。我有一个商业想法，可能您已经听说过了？"

"是的！桑迪跟我说过一些。再跟我详细介绍一下吧，我非常感兴趣，本。"

"目前我正运营着一个处理居民投诉的网站。我们已经收到了大量来自于加利福尼亚居民的抱怨。我不太确定，只是感觉市政府需要更好地分配、跟踪和管理这些市民的请求，我想应用一款这方面的软件可能会很有帮助。"我是在好几年之后才能够充满自信地跟年长我 40 岁的前辈阐述我的观点，那时就没有出现那么多"我想"或"也许"之类的字眼了。

迈克花了几分钟的时间浏览了我的商业计划书，然后没说别的，只是鼓励道："本，在硅谷，很多有钱的退休企业家们很乐意支持一个孩子去实现他的美国梦。如果你能做得再深入一些，我可以举办一个鸡尾酒会，看看他们是否能往这个商业创意中投更多的钱，让这个创意落地。"

鸡尾酒会？有钱的企业家？美国梦？迈克才来我家待了十分钟，我就变得欣喜若狂了。

"具体该怎么做？我的意思是，我们需要做些什么才能有这样的鸡尾酒会呢？"我的父亲问道。

"嗯，如果你能够证明这个点子能够成为正当的生意，并且人们愿意花钱来解决这些问题，那么这些有钱人就会投钱把公司打造到风投们感兴趣的水平。他们会安排一位首席执行官并组建一个团队，因为只凭本的一己之力是不够的，但是本仍可以发挥积极的作用。他们想要找到好的商机，但同时他们也想要帮助本。不是这个商业创意，也不是在这个创意的基础上成立的公司，而是公司将来的发展前景吸引着他们，这就是为什么他们想要认识本的原因。"

我们又聊了几分钟。

"好的，"我说，"所有这些虽然听起来都很酷，但这似乎离现在的状况还很遥远。我们现在需要做些什么呢？我有项目计划书……也只有这个。"

"做一些 P&L 分析，然后着手筹备产品原型。"迈克很干脆地说，这意味着我们的谈话要结束了。我感觉我们的谈话才刚刚开始，不过那两个任务就够我忙碌一阵子了，尤其是我查明白了 P&L 的意思——损益（Profit and Loss）——即商业中无论如何都很重要的一部分：如何赚钱！

>>

与迈克·帕特森见面后，我像被打了鸡血一样充满动力。为了制作出能够满足市执政官拉姆齐的愿望的产品，我在网上搜索着能够帮我的产品写代码的软件程序员。我既没有相应的技能也不打算自己学习写代码，所以我在 eLance 独立承包人网站上贴出了这个项目的招标广告。我收到许多程序员的投标，最高的报价是 31 000 美元，最低报价为 2 200 美元。我选择了报价最低的程序员，他的英文名字是拉塞尔（Russell），居住在孟加拉国。

我查看了自己储蓄账户的余额，心想既然曾经成功过一次，那就再试一次吧！随后就再一次给我的父亲写了一封备忘录。内容如下。

亲爱的大卫·卡斯诺查：

　　特以此备忘录向您请求借款 5 000 美元成立一家公司，公司名为 Comcate，取自于 "communicate"（交流）一词。如您所知，Comcate 公司的前景明朗，市场需求已得到证实，获得天使投资的机会很大，并且有可能以 2 200 美元的价格开发产品原型。剩余的钱将会用于销售和营销，详细方案待定。作为投资回报，您将得到 Comcate 公司相当大的股份。

（在那时，公司压根儿就没有股票那回事儿。）

　　父亲大笑起来，就如同父母听到他们的儿女想要成为美国总统一样。结果他还是同意了。我们登上了同一艘船——我坐在前排，父亲坐在后排，密切关注着发生的一切。这种安排最终奠定了我们父子关系的基础。如果他理智地拒绝了我的请求，那么无论如何我还是会继续的。只不过花费的时间会更长一些，我会把我的创业计划分解成一个个小任务去分别完成。但是有父亲在船上，我的进度就快多了，对此，我将永远心怀感激。

>>

　　我与孟加拉国的程序员签订了合同，在接下来的几个月中我与他互发了 2 000 多封电子邮件。在一年半的时间中，我从未与拉塞尔通过电话，也从未见过他本人，仅仅是互发电子邮件。事实证明他完全符合我的需求——一位要价不高但做事麻利的程序员。

　　拉塞尔做出了一个我可以展示给迈克·拉姆齐的软件原型。当我再一次与拉姆齐会面时（请记住，争取与潜在客户面对面交流的机会至关重要！），他很震惊我真的按几个月前我们最初讨论的内容去做了："本，我非常震惊，你真的按照我的反馈去做了。看到有人能实现我的想法我非常高兴。你要相信，你的产品肯定会让我们跟客户的沟通轻松很多，我愿意出钱购买这样的产品。"他又给了我一些详细的反馈——怎样才能让产品满足他的切实需要。我非常看重他明确而又具体的反馈，并承诺会将他的意见全部融入到产品当中。正如我所学到的，当你做出承诺并坚持到底时，这些商人们会非常喜欢的。

我起航出发了。

头脑风暴：为什么有些人能完成更多的工作（并创立真正的企业）

假设有两位雄心勃勃、富有才华的人，他们都有些很好的想法，可为什么一个人能开始动手去实现自己的想法，而另外一个人却只停留在空想阶段呢？如果两个人成功的前提都是要完成多个领域的各种任务——大多数创业公司都需要这样——其中一个人总是行动更快，而另外一个人却总是花过多的时间去苦恼、计划、做梦或咨询他人，这两种人之间有什么不同呢？以下是我所看到的不同。

- **那些完成任务的人对自己的承诺具有较高的责任感**。他们不想让自己失望。实现目标的首要动机来自于内心，而不是外部因素。人们总是很容易放弃对自己许下的承诺（"哎呀，我想我得戒烟了！"或"哎呀，这个月我要去健身房健身！"）。

- **那些完成任务的人力争"足够好"**。足够好是创业中非常重要的一个原则。如果你的目标是"完美"，那么未来就变得太遥远，连起步都变得困难了。

- **那些完成任务的人会考虑短期的未来**。会谈结束时他们会问："那么下一步该做什么？"分析现状和憧憬未来都很容易，但是要想事情有所进展，那么确定未来两周到四周内切实可行的任务是最为重要的。

- 那些完成任务的人和没有行动的那些人一样也会去"做梦"，讲"大话"，但不同的是，他们会和其他人分享这些梦和想法。把你的打算告诉别人就等于增加了一种问责机制，可以督促自己采取行动。

- 那些完成任务的人勇于开始行动。迈出第一步最为困难。现在就要行动起来！正如道家学派创始人老子所说的那样："千里之行，始于足下。"

是什么样的心态让我做事高效呢？我很幸运，没有碰到很多让我讨厌的艰巨任务。喜欢你所做的事情很关键，它能帮助你开始行动，停止空谈。当我专注工作时，我会用一种"我必胜"的态度。如果某个任务很困难，我会把它分解成几部分，然后在电脑中整理出与其相应的任务。工作高效时，我会奖励自己，或去健身房，或去吃一条能量棒，或腾出时间去发一篇博文。

你想成为人们眼中的实干家还是空谈家？你想开始创业还是仅仅谈论创业？这些问题或是其他类似问题的答案，比起你商业计划书中的华丽辞藻、你筹资的规模还有你认识的人更能预示你未来能否在商界取得成功。一切都取决于你自己。

>>

八年级时，我不得不为了日益忙碌的创业活动放弃一些东西，而最终我的学业变成了我不得不牺牲的部分，从那时起，学校生活开始淡出我的关注范围。等到课堂作业重新成为我关注的焦点时我已经上高三了，中间这几年上的课虽然我也记得一些，但大多数都非常模糊。八年级春天的时候，我和父亲要在他的律师事务所面试一些当地的程序员，为了去市中心，我开始不去上每天下午最后一节的体育课。也正是这段时间，有一种声音开始在我心中滴答作响："我不是普通人，也不想成为普通人。"学校教育不能完全地满足我。我发现真实而又快节奏的创业世界比课堂作业更有趣，我发现我开始接触的那些大人要比学校里的同学更有趣（但更严肃些）。甚至当我离我的少年朋友们的日常琐事越来越远时，我仍然确定我正在做一些正确的事情。后来在八年级年鉴中我获得了最高荣誉——"最受欢迎的学生"（我还获得了另外一个称号——"最有可能成为美国总统的人"，但谁会关心这种称号呢）。

Chapter

5

获得传道授业解惑的机会：
第一次见风险投资人

我生命中最想要的，是有人能让我做我能做的事。

——拉尔夫·瓦尔多·爱默生

（Ralph Waldo Emerson）

贯穿门洛帕克市，沿着斯坦福大学校园的北缘就是传说中的沙丘路（Sand Hill Road），那里是风险投资公司云集的地方。对于一个创业者来说，如果能和这条路上的哪个风险投资家见上一面，那绝对是不小的收获。如果你认识的人当中没有风险投资人，那你可能要打几十个电话、发几十封邮件才能见到一位可能给你提供创业基金的投资人。不过就算几十个电话和几十封邮件也不能保证一定能招来听众。而我因为有幸运女神的眷顾，很早就得以见到一位风险投资家，那也是我第一次与一位成年商人会谈。

>>

从经验丰富的业内人士那里征求来的建议是非常有价值的，我从一开始就这样认为，并一直将其视为成功创业的要素。我的邻居迈克·帕特森是一位硅谷联系人，在我第一次向他介绍了我的想法之后，他就提出可以把我引荐给一些创业孵化器负责人，这些人可以为我提供创业指导，并成为我创业初期的智囊团。他的推荐名单中位列第一的是格雷格·普劳（Greg Prow），他是软银风险投资（SoftbankVenture Capital）以及后来的摩比斯风险投资（Mobius VC）机构的常务董事。

头脑风暴：导师的力量

据《哈佛商业评论》（*Harvard Business Review*）于 1979 年发表的一篇著名的文章报道：有导师指导的经理人能够在更年轻时赚到更多的钱，接受更好的教育，更有可能坚持最初的职业目标，并且拥有更高的职业满意度。这并不奇怪——经验丰富的从业者传递出他们的智慧，这必然会带来不同！

在我的生命中，导师的角色太重要了，这一点怎么强调都不为过。不论是在个人生活方面还是在职业发展领域，他们都给予了我宝贵的财富。在生活中，我经常向富有智慧的成年人请教——努力去弄清楚我在这个世界上的位置。在创业过程中，我的导师们小心地点亮我微弱的小火苗，引导着一个梦想成为企业家的少年将原始的激情变成富有智慧的行动。那么发展高效的导师关系有哪些重点呢？

- **对的人。**当我创立 Comcate 的时候，我经常去旧金山的小型企业管理局（Small Business Administration，SBA），他们有一个退休经理人协会（Service Corps of Retired Executives，SCORE）可以提供免费的商业指导。这些退休经理人都是过来人，他们的建议和指导会非常珍贵。我提过，这些都是免费的。在你的人脉网络建立起来以前，还是要优先考虑简单和省钱的方式！随着时间的推移，你认识的人会越来越多，所以不要害羞。"我在找导师"这样的话是要经常挂在嘴边的。但是你要保证对你的目标导师做了大量的背景研究。在建立导师关系前要确认他／她是否是正确的人选。

- **导师 Vs 顾问**。两者是有区别的。我的"顾问"一般只提供专业领域的咨询，而"导师"会在个人问题上给我建议。我的顾问是在某一领域特别是与 Comcate 相关的领域（地方政府或软件开发）的专家，而导师却来自各行各业——企业家、教师、诗人，凡是你能想到的。我认为这两方面的人脉都很重要。
- **双行道**。导师们愿意提供指导的原因是他们也能得到回报。如果问问学校的教师，他们会告诉你教学相长，学生教给他们的和他们教给学生的一样多。他们喜欢把自己知识的种子撒播出去，然后看着他们生根发芽、枝繁叶茂。而接受指导的人应努力确保这种指导关系不仅仅是一条单行道。
- **多样性**。人们提供帮助的方式是不同的。在生活中，我有在情感和精神问题方面尤为信赖的几位导师，也有更加善于冷静分析的导师帮我消化复杂的情况。每一位导师都为我们的关系带来了独特的视角，我从他们所有人身上都学到了宝贵的经验。在寻找导师时应不拘一格，这样他们才能在生活抛给你的各种问题面前助你一臂之力。

　　我的商业计划写得简单又稚嫩，可我却得到了倾听业内大师传道授业解惑的机会，这让我兴奋地不能自已。我对风险资本一无所知，也毫不了解商务礼仪，不懂如何握手，如何做陈述。我甚至没有完全领会到我能占用世界顶尖风险投资公司的执行董事长一个半小时的时间是怎样的一种幸运。我单纯的内心已经完全被兴奋的感觉占据了。

　　爸爸、迈克·帕特森和我一同开车前往软银位于山景城（Mountain

View）的办事处。我们行驶在 101 高速公路上，那一天阳光明媚，晴空万里。没过多久我就看到了网络技术公司的广告牌，令人生畏的高大建筑前挂着"西贝尔"（Siebel）的标志，行驶在我们旁边的汽车越来越多地变成了宝马和雷克萨斯。我们去的地方不单是山景城，还有硅谷。

>>

我不想让迈克失望——是他促成了这次会议，即便他还并不怎么了解我。这次会面对我来说是一场测试，我要通过它来巩固我与迈克的关系，同时也要给格雷格·普劳留下好印象。我很不安，因为我从报纸上读到风险投资公司目前也不景气。20 世纪 90 年代的科技泡沫正纷纷破裂。当我们把车驶入停车场时，我的手心都出汗了。不过出乎意料的是，当我走进楼里，避开了炙热的阳光，我立刻感觉自己进入了一个令人舒爽的财富世界。一位秘书打印了一张桌签，然后把我引到后面的一个房间，那里摆放着无数的食物和饮料——甜甜圈、水果、碳酸饮料……一切无不彰显着这里的富足。事实上，甜甜圈散发出来的那种红亮的油光和蜜糖的味道似乎与这些太过富有的投资家们彼此映衬着。这还不算什么，其实这整座建筑里的每一个部分都好似在展示着异常的繁荣。我拿了吃的回来，坐到爸爸和迈克旁边一张巨大又舒适的椅子上。旁边的一张桌子上摆放着十几本商业杂志，我拿起一本漫无目的地翻着。泡沫在这里还没有破裂——现在还没有。

十分钟之后——风险投资人总是会迟到——格雷格从银色木制的复古楼梯上下来，给了我们一个大大的微笑，跟我们打招呼。他身材高大，穿着笔挺的衬衫，戴着金色的袖扣。他的头发卷曲，挺长的，不过梳理得非常好看。我们围坐在一张大大的木质会议桌前，桌子中央安装着扩音设备。整个房间弥漫着蜜糖的味道。四周墙壁没什么装饰，但像雪一样洁白。我想我们应该不是在主会议室，但这里的一切已经让我眼晕了。当我还在感受氛围的时候，格雷格宣布他有详细的反馈意见。他竟然真的读了我发给他的商业计划！他走向白板，写下了一串数字。然后我就开始发懵了。

市场份额、销售渠道、分销策略、竞争分析、收益率，等等，格雷格用这些陌生的字眼询问着风险投资领域的典型问题："在这世界上有什么事情是你比别人更擅长的？你的产品与其他产品相比有什么特点？市场格局是怎样的？是完全开放，各自为政，还是以 IBM 为主导的市场？销售周期有多长？地方政府如何购买？他们使用哪些渠道？这项技术有多好？"这不是在拷问我。毕竟我并没有想要筹集资金（仅仅是想得到反馈），而且，我还只是个孩子。没有错误的答案。格雷格只是列举出许多我还需要深入思考的问题。

头脑风暴：什么时候可以询问愚蠢的问题

什么时候你可以询问一个愚蠢的问题？你想给你的导师和商业伙伴留下好印象，又想在不懂的时候向他们学习，那么如何平衡两者的关系？

一方面，诚实是首要原则。假设你正与一位风险投资家会谈，如果他 / 她用到的某个术语你不明白，那么就要去问。这是一次受教育的经历。如果你的生意真的很困难，那么就告诉你的顾问，征求他们的建议。

另一方面，不论喜欢与否，你总还是要灵活一些。当你需要某个风险投资人为你投资时，如果你表现得特别无知，那么这可能会对你不利。如果你年轻，有些地方不明白是可以理解的，但人们仍然希望你拥有基本的常识和专业知识。即使是现在，我有时还是会在会议中听到一些陌生的概念。我是应该提问还是随大流继续呢？有些情况下我的身份本应该是专业人士，此时表现出不确定会降低我的可信度。所以我会把这些概念记下来，会后上网查询，或者（也最好）在"线下"向一些人请教。

作为创业者，要想管理好你与经验丰富的商业人士之间的关系并满足他们各种各样的期望是需要一番练习的。如果你初出茅庐，那更是如此。一般来说，即使你不想把每一刻都变成教学时间，我们也最好还是要去问那些傻问题。不过要注意把握合适的时机——也许并不是在你遇到问题的那一刻，但你最终还是要把它问清楚。

"你觉得怎么样，本？"迈克问道。房间里顿时静了下来。唯一的声音是我的大脑在咀嚼格雷格提出的问题的咯吱声。"哇，真的很有帮助！"我壮着胆子说，"我想我还不太确定下一步该怎么走。不过总的来看，这个点子好像有些前景，但是将它与其他竞争产品区别开来是关键的一点。我还需要明确预算和小型政府的数量，以便进一步确定市场的规模。"

"没错，本，你还有许多工作要做。你工作中最难的部分已经完成了：发现了市场的需求并提出了早期的产品原型来解决问题。现在你需要进一步证明这种需求是你的客户肯付钱购买的。"格雷格回应道。

"我们怎么去证明呢？很多城市的人都告诉我他们对这样的产品感兴趣，但是嘴上说是一回事，开支票又是另外一回事了。"我说。

"是的。而且很多潜在客户可能要等到别人使用过这种产品之后自己才会购买。"格雷格说。

"所以你认为我们应该去做测试版吗？"迈克已经猜到了一半的答案，于是这样问格雷格。

格雷格点点头。我眯起眼睛，扬了下眉毛，表示有点困惑。

"我认为你应该去找一些测试者试用一下你的原型产品，然后给你反馈和认可。你需要找一些创新型的城市，如果你可以让他们免费使用测试版，那对你打造第二版产品的可信度肯定会有帮助。"

"我不确定如果本不能在场进行解释并提供技术支持的话，是否还有城市愿意尝试这种产品……毕竟，他很快就要回学校了。当本回学校时，我们需要雇人来为测试版工作吗？"爸爸问。

"是的，但不需要全职人员。有一些公司可以为软件企业提供技术支持，没准儿有的还有折扣价。我会问问我的朋友看看能不能找到人帮忙。同时，你应该面试一些当地的程序员，看看他们是否可以白天做兼职，回答一些电话问询。"格雷格说。

两项任务已经清楚地摆在眼前：寻找测试版试用者；寻找技术支持人员。迈克对我微笑了一下，我觉得他是在暗示我。

"好的，非常感谢，格雷格，这些真的非常有用，非常感谢你抽出了宝贵的时间。"

"别客气，本。你已经做了很多。本，当你走上这条路的时候，大多数人都会让你放弃，当个普通人，别再做梦。我希望你永远不要听这些声音，坚持下去，为你的愿景而努力。美好的东西来自于想要实现它们的欲望。"

这些话让我感动。就像所有励志的话语一样，它赶走了刚才会议期间我心中升起的自我怀疑。而且说出这些话的人在意你，正面对面地看着你的眼睛（这与海报上有距离感的微笑大不相同）。直到今天，这些话仍然清晰地萦绕在我的耳边。在见过格雷格以后，我第一次觉得Comcate可以不仅仅是一个想法。

>>

格雷格是我遇到的第一个成功的商人，所以他成了我的偶像。我想读格雷格读的杂志，我想读他写的书，我想找出除了我之外他还见过谁，我想知道他的朋友都有谁，我想知道他是如何思考和如何形成观点的，这样我就能学习模仿并消化吸收。我在这条自学的路上孜孜不倦地耕耘着，只为了更多地了解这个名为格雷格·普劳的人。

智囊团：升华导师关系

布拉德·菲尔德（Brad Feld）

我的第一位导师是我父亲。记得在我 13 岁时，有一天我们父子俩在我们位于达拉斯的家的附近散步了很久，那一次他主动走出了"父亲"模式，第一次扮演起"商业导师"的角色。作为我的导师，父亲非常伟大的一点就是意识到我还需要父母以外的导师，所以他把我介绍给他的一个病人吉恩·斯科特（Gene Scott），他在 20 世纪六七十年代曾任多家电脑公司的高管。作为一个十几岁的少年，我每个月都有机会和"斯科特先生"共进晚餐，从那时起我便开始体会到导师的价值。

上大学时我创立过两家公司，虽然都失败了，但我的导师们（和我父亲）都陪伴着我，指导我学习，同我一起经历创业的种种艰辛，并开导我接受失败。

我创办的第一家成功的公司是菲尔德技术公司（Feld Technologies），公司创办初期，有一位名叫斯图尔特·福布斯（Stewart Forbes）的客户，他后来成为了我又一位富有影响力的导师。斯图尔特教我如何积极地与导师共事而不仅仅做一个观察者。我体会到一种积极的师徒关系——定期沟通、双向交流、甚至有时争论——要比那种"说教式"的关系有效多了。

在我二十多岁的时候，我的叔叔查理·菲尔德（Charlie Feld）也加入了我的导师行列。查理是菲多利公司（Frito-Lay）的 CIO（首席信息官），也是业内最受尊敬的 CIO 之一。每次查理来波士顿时都要叫上我，大大方方地让我做他的跟班。他教我要永远乐于让后辈们参与到活动中来，这样他们可以学到一些东西。的确，在他的帮助下，我学到了很多。

我的导师并不都是商人。我在麻省理工学院的研究生导师埃里克·冯·希佩尔（Eric von Hippel）鼓励我去探索人生深层次的意义。当我博士退学，离了婚，卖掉了我的第一个公司——这些都发生在同一年，埃里克日夜陪着我，帮我度过第一次重大的人生危机，并指引我如何去应对。埃里克教我如何发现人生的真正目标并用一生的时间去实现它。如果没有导师，我肯定要耗费更多的时间才能回答这个关键的问题。埃里克已不再是我学术上的导师，但他仍然扮演着我的"人生导师"的角色。需要提醒你的是，有的时候，导师反而是在他们专业领域之外能够给你最好指引的人。

当我 27 岁卖掉我的第一家公司时，我得到了两位伟大的导师的助力——伦恩·法斯勒（Len Fassler）和杰里·波奇（Jerry Poch）。除了可靠的商业建议，伦恩还教会了我要在任何情况下都保持优雅的态度。他还强调坚持把每一件事情都做到最后的价值，无论是好事还是坏事。杰里教我如何保持直接和清晰的表达，无论是什么样的信息。虽然卖掉我的第一家公司并没有让我赚到钱，但伦恩和杰里传授给我的有关优雅的态度、执着的坚持以及坦率表达的课程已经让我赚翻了。

回头看这几位导师（直到今天他们仍是），再想想我现在正在指导的人，有一些非常难得但非常美妙的时刻跃然升起：在这些时刻，导师和学生之间的区别消失了，双方变成了指导彼此的关系。即使你们不是同龄人，学习的过程也变成了双向的交流。每一个处在指导关系中的人都应该争取这种平衡，因为这种状态往往会孕育出最伟大的学习效果。

　　索取容易，但给予却很难。你能从一种指导关系中获得多少价值和快乐往往与你的投入有关。当这二者之间实现平衡的时候，这种关系就变得非凡了。想一想，你正在从导师那里学习什么。更重要的是，想一想，你在教给他们什么。

My Start-up Life:
What a (Very) Young CEO
Learned on His Journey Through
Silicon Valley

　　布拉德·菲尔德，风险投资家，在科罗拉多州博尔德市（Boulder）工作。他创办过多家企业，是一位狂热的马拉松跑手，并且是位多产的博客作家（www.feld.com）。

Chapter

6

签约第一批客户：
销售前景一片"大好"

每一个人都是靠出售某种东西来维持生活的。

　　　　　　　——罗伯特·路易斯·史蒂文森

　　　　　　　（Robert Louis Stevenson）

对焦点小组的研究已经够多了，我需要客户！

　　我给安提俄克市的拉姆齐打电话，告诉他我已经准备好产品，可以迎接更为严肃的审查了。最初在他的建议基础上制作出来的产品原型已经取得了很大的进步。我把这款软件命名为 "企业反馈管理"（eFeedbackManager，eFM），它包括三个部分：（1）市民版，市民可以在网上提交他们的投诉；（2）公务员版，公务员可以回复和解决投诉；（3）管理员版，管理秘书可以定制系统、运行报表等。现在回过头去看，这款软件大概只能算是 eFM 的 .001 版本，但它可以解决问题。拉姆齐同意召开会议，并邀请我给他的员工做一次产品介绍。

　　我跟父亲一起去，而且为了提高可信度，我还邀请了迈克·帕特森同行。拉姆齐必定有一些顾虑，Comcate 是合法的吗？还是本一时兴起玩玩而已？而迈克·帕特森在硅谷享有信誉，他能够提供必要的保证……即使其中一些保证用的是将来时态。提高可信度的一个好方法就是请其他人来为你的工作及其可靠性做担保。

>>

　　我还记得当时的情景，我、父亲还有迈克站在安提俄克市政厅外的停车场上，我因为紧张而颤抖着。我不是有点儿紧张，而是十分紧张——牙齿打颤，两腿酸软，喉咙发紧。由于紧张和焦虑，即使是最简单的任务也变得困难起来，比如，我花了好几分钟宝贵的时间找地方放我的名片，因为我的西装外套的口袋都还没有拆线。

我的脑海中一遍又一遍地想象着与拉姆齐握手时的情景，我微笑着说道："嗨！你好吗？"不知什么原因我就是无法越过那一刻——脑海中的场景一直停留在刚见面时的握手，一遍又一遍。

"本，你怎么样？"迈克边对我说着，边穿上他的外套。

"很好。"我撒了一个谎。

"那就好，相信你自己，也相信你的产品。你会做得很棒。"

让我感到神奇的是这短短几句鼓励的话居然产生了巨大的作用。

紧张的情绪变成了棉花糖——在我与拉姆齐握手的一瞬间它便融化了。握手及后面的会议，我感觉就像只过了一分钟。会议室里一共有 9 个人，这是我第一次面对这么多人做产品推介。在介绍产品的过程中，所有人都看着我，我感到一种前所未有的力量。除了有个财务人员在后面打盹外，整个房间的气氛都在我的掌控之下。我顺畅自如地从一个想法过渡到下一个想法，回答了听众提出的每一个问题。自从这次会议后，每次我站到台前，我都知道我能够出色地击出一个"全垒打"。

>>

各个部门的主管走后，我们围着拉姆齐坐下——他才是最终做决定的人，商讨下一步的行动。"我们会参与测试。"他最后说。听到这几个字，之前所有的话都失去了意义。真是太棒了！难以置信！我们都惊呆了。我们本以为他会跟他的部门主管们商量之后再做出决定。但是——他刚刚都说了——他们要试用我们的测试版。

要是说到就意味着做到该多好……

会议结束了，我们离开了市政厅，父亲和迈克都说刚才我做得很棒。我感觉自己充满动力，无比自豪。我第一次感觉到我所有的努力都是对的。此外，刚刚取得的成功还为我第二天晚上的重要场合提供了谈资，届时迈克邀请的几位商界有头有脸的人物（也可能是未来的投资者）会跟我共进晚餐。深夜时分，我才到家。到家后，我又浏览了安提俄克市的网站，仔细地阅读了每一个网页。我不敢相信——终于真的有一座城市肯花钱来使用我创造的一个小产品了。

>>

第二天晚上的行程与第一天差不多：穿上茶色套装，逃掉体育课，出发去硅谷。父亲、迈克和我开车去一家中国餐馆，迈克在那里邀请了几位生意上的重要朋友。一共有五位客人：诺瓦斯投资公司（Novus Ventures）合伙人格雷格·拉罕（Greg Lahann）；上市公司 Tumbleweed 首席财务官蒂姆·康利（Tim Conley）；新兴软件公司的首席执行官卡罗尔·鲁特伦（Carol Rutlen）；普华永道会计事务所的合伙人贝蒂·查尔斯（Betty Jo Charles），他常与初创企业打交道；此外还有当地一个富有的"资本家导师"杰夫·达比（Geoff Darby）。我到达时，一些受邀来的客人已经入座。我走向洗手间的时候他们上上下下地打量着我，不知是否是我的身高给他们留下了深刻的印象。我在洗手间休整了片刻，正了正领带，确保它端正服帖，然后便走到桌前坐下。在座的每一位都做了自我介绍："我管理着大约 2.5 亿美元的基金""我负责一家纳斯达克上市公司所有的财务运营""我经营一家成功的软件公司"。幸运的是，迈克召集的是一群"充满智慧的有钱人"——他们既拥有金钱，又拥有智慧。

我立刻感觉到一种有别于前一天在安提俄克会议上的氛围和节奏。这些人行动更快，更有活力，他们愿意鼓励我，同时也乐于彰显自我。因为我还是新手，所以还不能为这些新观众灵活地调整宣讲内容，但是经过一段时间的锻炼后，对于这种随机应变的能力，我便可以驾轻就熟了。

从战术层面上讲，这五位客人肯定了我们签约测试版客户的价值。他们还鼓励我去找一位临时的首席执行官，让他帮助我签约测试版客户，实施测试项目，并完善商业计划以筹集天使投资。

头脑风暴：提问的正确方式和错误方式

要想在进入一个新领域的初期阶段就要问出老道问题是非常不容易的。但是提出好的问题在商业活动中至关重要——从推销宣讲，到雇用员工，再到仅仅澄清需要做什么，截止到什么时候等。

最难的问题是那些想要引导对方说出比"是"或"不是"更多内容的问题——也就是我们常说的开放式问题。例如，你想要弄清潜在客户的脑子里在想什么，这个人真正关心的是什么，最好的方法就是深究他们对价值的判断。某人告诉你："最近日子过得真困难……"你可以这样反应："你说的困难是什么意思？能具体些吗？"那些以"怎样""如何"等字眼提出的问题也更容易引出开放式的有益的回答。

还有就是问题的内容本身。新颖的好问题总是很难遇到。这也就是为什么你会发现在会议室里能给人留下最深印象的人是那些提出了最好问题的人。有人会这样问我："经营一家公司对你跟朋友以及你跟父母之间的关系产生了怎样的影响？"这样的问题会引起我的关注，而后面这种问题则不会："你是如何平衡各种关系的？"第一个问题内容的更加丰富并且更具有启发性。用第一个问题的答案也可以回答第二个问题，但由第一个问题而产生的回答则更加有血有肉有深度。

在提问题之前请想一想你面对的是什么人。当我面前的商界高管已经被媒体提问过无数遍相同的问题时，我坚决不要再去增加这种重复的枯燥。我努力问一些有深度的问题，如果合适的话，我会谈一些商业以外的话题。有一次，我跟一位知名度非常高的首席执行官见面——让我们叫他约翰。我想跟约翰谈谈 Comcate 和一些商业问题，但我看得出他对这些话题并不感兴趣。他想借我们的会面缓解一下平日里管理一家大公司的巨大压力。于是我话锋一转，直截了当地问他是否信仰上帝。虽然宗教（和政治）通常被视为商务对话中的禁忌，但许多人（虽然并不是所有人）会感觉这个问题耳目一新。人们对非专业问题的看法可以为我提供另外一种视角去了解他的思维过程。约翰和我愉快地交谈了一个小时，我深入探究，他详尽回应。我们一起走出咖啡馆的时候，他说："你知道吗，跟你聊天很开心。顺便说一下，你应该见见我公司的二把手，他叫理查德，他会对你的业务很有帮助。"我后来去见了理查德，他果真为 Comcate 提供了非常宝贵的人脉和建议。

正如大部分这种类型的会面一样，大家给我的并没有太多具体的建议，而是许多鼓励——这很有帮助！再一次，也是当我回头看时，我才意识到我能跟这些经验丰富的人共进晚餐是多么地幸运。当然，他们能出现在那里是因为我一直保持着与迈克·帕特森的关系。我和迈克初次见面后有可能就没了下文，但我一直保持着跟他的联系，于是受益良多。是幸运之神把我引向了迈克，而我的努力把我引向了他的朋友们。

>>

好消息越来越多。八年级的那个春天，通过父亲事务所的一位合伙人的推荐，我预约到了南加州的好几位市执政官。当我需要去开会时，妈妈总是无奈地帮我向学校打电话请病假（我帮她想出看各种医生的由头），这样我就算缺课了。父亲因为还有其他的事情要做，所以第一次不能陪同我。但这并没有乱了我的阵脚。我的推介演讲进步了很多，根据父亲的反馈（"速度要慢，一定要慢下来"），结合我读到的有关演讲风格和技巧的内容，我不断地修改和完善着我的演讲。我站在镜子前练习，用摄像机把整个过程录下来，然后在电脑上仔细查看。我一遍又一遍地练习，这有助于我在实战中更加自信。

头脑风暴：我有一个战略计划，叫作"去做事"

杰出商人的眼睛总是紧紧盯着他们的行动所产生的实际结果。他们不断作出决策，又不断评估决策的结果。

美国西南航空公司是当下最为成功的公司之一，它拥有一位睿智的首席执行官——赫布·凯莱赫（Herb Kelleher）。凯莱赫在面对采访时曾回答道："我们有一个战略计划，那就是'去做事'。"还有一个类似的商界传说，据说美国的成功金融家摩根（J. P. Morgan）曾花25 000美元买来一张写有成功终极秘诀的纸，他每天在上面写下当天需要做的事情，然后开始行动。

任何一家公司在发展初期总是计划比行动更容易，制定战略比实际去做更容易。

不论是早期签约客户的成功，还是后来遭遇的失败，我始终把保持行动力作为战略的核心。比起在理论上分析到底哪种方法最有效，我认为勤于行动，然后认真思考不同的方法所产生的不同结果会收获更多。

> 要时时记得"5W要素"——who（谁），what（什么），when（何时），
> why（为什么），how（如何、怎样）。那么 when 指的就是现在，who 指
> 的就是你，剩下重要的就是 what（任务是什么）以及 how（如何去做）。

由于我年龄太小还不能租车，母亲就负责开车接送我。她从不参加会议，而是去当地的公园逛逛，在车里等着或是看看书。除了开车，她还经常让我仔细思考会议的情况（对某一潜在客户进行清晰深入的梳理），鼓励我记笔记，并且以超凡的车技驰骋在南加州纵横交错的高速公路上。

第一个会议的地点是伯根山市（Burgon Hills）。[1] 伯根山市是南加州一座中等规模的城市，城市服务种类齐全，涵盖社会治安、消防、电力、污水处理、水源供应以及其他所有大城市提供的标准化服务，它是一座综合性的城市。当时该市的市执政官是巴德·罗伯茨（Bud Roberts）——一位著名的德高望重的人物。原本我以为会与巴德单独见面，但事实是他还邀请了一些工作人员和助手。巴德一上来就喜欢上了这项产品，也喜欢上了我。他完全赞同用更好的技术改善政府工作的想法。领导已经表明了态度，会议室里的其他人也没有提出异议（可见是位强悍的领导）。被他的热情感染，我发挥得也是淋漓尽致。

"那么你想要我们做些什么？"待我回答完最后一个问题，巴德这样问道。之前我从未听到过这样的问题——一般都是我主动要求。

"是这样，我想要你们的反馈，这个你们已经给我了。我想要伯根山市成为南加州地区使用我们产品的领头羊，正如安提俄克市成为北加州的领头羊一样。最后，如果您能把我们的产品介绍给其他的市执政官，那么我

1　所有与伯根山市有关的人物的名字以及该市的名称皆为化名。

将会不胜感激。"我回答道（我总是希望能够得到三件东西：反馈、合同和推荐）。

在会议上，巴德口头承诺伯根山市将会成为我们在南加州的特许用户，并且会把我介绍给其他的市执行官。他指派了一名助手——丽塔（Rita）——来配合我推进项目。我都惊呆了。除此之外，在后来的几个月里，巴德给超过 15 个市执政官发了邮件，一门心思地为我和我的公司招揽生意。后来他成为了我最大的支持者之一。那一天下午，我还要去邻近的另一个城市开会，当我到那儿的时候，那里的市执行官就提到巴德已经给他发了邮件，说我是他见过的 14 岁的孩子当中让他印象最为深刻的。当我从南加州回到家，丽塔便发邮件过来要我把合同发给她。我轻声关上卧室的门，在电脑上播放起了范·海伦乐队（Van Halen）的《跳吧》（Jump），然后把音量调到了最大，让歌声在我的房间里尽情地轰炸。

>>

在短短的几个月内发生了太多美好的事情。父亲总是说正是伯根山市的那次成功——那次我们没有借助任何私人关系，而是我独立完成了任务——使他意识到一个愉快又可怕的现实：我们真的是在做生意，不能再闹着玩了。我们现在对一个真实存在的大型地方政府负有受托义务。我们还意识到了"孩子因素"的威力，我的年龄也可以是一种资源。但也正是这几个月让我清楚地看到了初创公司的命运是多么地风云变幻、跌宕起伏。我从未想到无论是安提俄克还是伯根山都没能坚持到最后成为我们的付费用户，也从未料到我们与伯根山的关系会变得一团糟，最后竟成为我们最大的麻烦。我也从来没有想到这两座城市的市执政官会在我们的服务上线之前就离职。但是在这一刻，我意气勃发，斗志昂扬。一切都在进行中，并且夏天很快就要结束了。

Chapter

7

让该来的来：
遭遇失败，然后绝地反击

成功意味着屡败屡战，但热情不减。

——温斯顿·丘吉尔（Winston Churchill）

2002 年我初中毕业，同学们推选我在毕业典礼上发表毕业生感言。我的感言体现了我在创业中持有的世界观：不同凡响，改变世界。我背诵了苹果"不同凡响"的广告语。我还背诵了一首无名诗人写下的关于青春激情的诗。

因为我年轻，年轻人总是相信明天会胜于今天。年轻人勇于尝试不可能。年轻人勇于攀登高不可攀的险峰。上了年纪的人不敢挑战的，年轻人则无所畏惧。

毕业典礼的第二天，当我向潜在客户推销 Comcate 时，情形却完全变了样。那是一个完全不同的环境，让我无法放松和自由发挥。我讲话磕磕巴巴，吐字也不够清晰，我在学校发表毕业感言时的那种"挥洒自如"踪影全无。在推介会上，我需要计划、思考，还要竭力模仿成年人的理性表达。此外，我还需要影响他们思考的方向以便把我的产品卖给他们。这一过程所耗费的精气神比起毕业演讲中消耗的要多得多，也正是如此，才让我更加兴奋、更加激动，尽管观众不是三百个而是区区三个。

>>

我们有两个试用测试版的城市——安提俄克和伯根山，产品已经推销出去了，接下来我们需要弄清楚人们将如何在实际操作中使用我们的产品，而这一任务与一开始推销产品相比，在很多方面都是更为棘手的挑战。不论何时，不论发起者的初衷有多好，新的项目总是会遭遇到组织内部各种成员不同程度的非议，因为抗拒改变是我们人类最为本能的心理防御机制之一。我很快就领会到签了合同并不等于客户就满意了。客户满意意味着产品的使用者经过培训都掌握了该应用并体会到了之前我们承诺的好处。

>>

销售新手都曾体会过一种深深的焦虑——当你将某一产品推销给客户时，你其实并不确定该产品实际运转起来到底会怎么样。我们承诺，承诺，再承诺，但只要我们还没有拿到成功使用的案例，我们的解决方案就是尚未通过检验的——而这一点真是让人伤脑筋。

安提俄克那边，迈克·拉姆齐正在奋战另外一个项目，无暇回应我们；而伯根山有回应了，所以我重点专注这个城市。我从来没有过一个客户，更别提要在加利福尼亚最为复杂的地方政府之一实施一个软件项目。由于我缺乏领导力，所以项目的实施逐渐偏离了轨道。我之前从未想过如何处理这个城市在项目之前"遗留"下来的数据以及怎样在新系统中体现它们。在产品定制化过程中遇到的障碍也因我没有预先准备好而无法解决。有一次，我告诉丽塔我之前从没做过这方面的工作，所以要"提前感谢你的耐心"。你能想象一个供应商对你说这样的话吗？不过她很有风度地回答："我也没做过。"诚实创造出一种新的纽带！

>>

2002 年的夏天让我第一次知道了成为一名真正的"旅途战士"是什么滋味。我每周要有一天去南加州。一大清早我就要把自己从床上拽起来，打车去奥克兰机场，搭乘西南航班的飞机去洛杉矶国际机场。如果是我自己去，而且只去伯根山，我会叫一辆出租车去市政厅，在那里待上一整天，中午跟客户随便吃点或者去我最喜欢的一家咖啡馆（我会点牛油果沙拉和冰水），然后乘晚间航班飞回家。我开始认识一些总是乘坐傍晚 5 点 10 分的航班下班回家的人，甚至摸索出一种超级高效的跟西南航班电话客服沟通的方法（"我要变更现有行程"要比"我想换航班"高效得多）。

几次出差之后，伯根山提出要支付我所有的费用。当时许可协议还卡在市政府律师办公室，所以我们还没有拿到 7 000 美元的产品费用。虽然支付给我相关费用其实合情合理，但还是让我受宠若惊。既然为了项目进展我必须要提供现场咨询，那么我有必要提出一个按小时计费的价格！我选择每小时 30 美元，加上我所有的差旅费用，再扣掉一些"投资客户关系"的钱，然后我递给他们一张编号为 #001 的发票。我不知道当他们看到发票上 001 的编码时会作何感想，但是我真真切切地感到高兴，每当我看到墙上这张装裱在相框里的 429 美元的支票，我知道这是我第一次真正的收入。而每当我看到它旁边的另一张装裱起来的 40 000 美元的支票时，我就会意识到 Comcate 成长得有多快……

>>

伯根山也是一个充满代沟分歧的地方。在这里，14 岁的软件供应商，也就是我，从 56 岁的市长那里领命实施一项软件项目。而阻碍项目前进的是一位 60 岁上下的外联主任——让我们叫他杰克。杰克之前曾任扶轮社主席，是位战斗英雄，还是备受爱戴的市政厅公务员，曾亲自处理多起递交至市政厅的投诉。[1]杰克有他自己做事的方式，多年来他一直都用那种讲究的老式纸张和铅笔。他甚至吹嘘他整夜都开着呼机，生怕哪位柏根山公民突然遇到问题找不到人。但市执政官巴德希望杰克的办公室能够变得现代化，这样市政厅的其他成员就能看到杰克处理的事务——而我则受命完成这一任务。但杰克固执至极，他压根就不想改变，他看不到改变的意义，但是因为巴德有命令，所以他愿意和我谈一谈。

在伯根山生活了一辈子的杰克蓄着桀骜不驯的黑胡须，让我看着心生一丝畏惧。跟杰克的战斗肯定会是场恶战，但我之前在推销产品时也遭遇过类似的拒绝。老年人认为科技是只有年轻人才能玩得转的东西。如果我是一位50岁的销售员，我对他们说："嘿，连我都会使用这个！"那么产品肯定会好卖许多。

"我很尊重你的产品，我只是不想用它。纸、笔，这些就够了，而且我一直用它们。"第一次会谈时他这么对我说。之后我们还有过几次这种一对一的会谈，每次都是短兵相接。

"杰克，问题是你经手的事务那么多，如果你的信息不能体现在系统中的话，那么全市数据的价值都会受影响。"我回答道。

他什么都没说。

"市长办公室想要看到整个城市的数据，包括你的信息。"我补充道。领导的要求是我能出的最好的一张牌了。

"你看，因为巴德想做这件事，所以我支持。但我的东西不行。"他说。

"是因为电脑吗？你不想用电脑，而更喜欢用纸？"

"是的，电脑我用不顺手。我目前的系统就很好用，我不想做什么

---

1 扶轮社是依循国际扶轮的规章所成立的地区性社会团体，以增进职业交流及提供社会服务为宗旨。

——译者注

改变。"

"要是另外找人帮你录入信息呢？"

"什么？就像秘书？"

"是啊。"

"那没准行，要是能有好秘书的话。"

我想我们能够找到一些解决办法，不过也不太确定。我谢过杰克，然后赶去下一个会议。

>>

没有人跟我说过为什么巴德让我去劝说杰克使用电脑。是因为其他人试过了但没有成功？或者是因为巴德。在某种意义上是我的导师，有意给我上一堂跨代宣传的课？抑或是这于我来说就是一场难能可贵的自学，学习如何面对那些由于各种各样的理由拒绝使用技术来提高工作效率的人，摸索跟这类人交流的诀窍？我从未真正说服过杰克，最终我们还是各走各路。我只是希望，或许，我们的对话能让他对技术的潜力产生一点点的了解。

>>

夏天即将过去，我也开始变得沮丧起来。我在伯根山花了大把的时间，但依然一无所获——这个城市实在是太大了，有太多工作人员试图把项目拖离原来的轨道。[2] 一位女士想让我们为她定制一个应用来追踪青年人的就业申请情况。另外一位女士想把她原来的追踪应用跟我们的产品整合到一起。似乎有很多人在争取让项目符合他们的个人需求。

---

2 后来我才懂得"买入"的真正含义，以及它对那些需要在整个组织范围内实施的新项目的意义。

除了伯根山的项目，我每周至少还要面向新城市发布两三次网上演示或现场推介，但收效甚微。有一次我得到机会可以与森尼维耳市（Sunnyvale）即将退休的传奇人物汤姆·卢考克（Tom Lewcock）共进午餐，他愿意成为Comcate 的重要支持者，我因此深受鼓舞，可他的推荐却让我等了很长时间。[3] 人们虽表示支持，我也得到了会谈时间，但是他们却"不咬钩"。我认为原因有很多：产品还不够完善，我的推介陈述也不够完美，销售方法有欠缺，缺少及时的跟进和合适的材料支持。

>>

我们的竞争对手——实力雄厚的大公司和像我们这样初出茅庐的小企业——也都纷纷开始发力了。负面广告，言过其实的销售说辞，还有各种各样来自的同行"攻击"手段，纷纷亮相。有一家公司从我手上抢去了一单非常有得赚的生意，虽然我投入了大把的时间和精力来争取客户。后来我又听说我的竞争对手正在联络"我的"另外一位客户，我就给我父亲发了封邮件，其中还引用了威廉·戴维多（William Davidow）在《高科技营销》（*Marketing High Technology*）中所写的一句话。

爸爸：

　　电子政务领域的市场营销是一场文明的战争。如果感觉这种比喻太残酷，那么我们压根就不应该加入。只要咄咄逼人的竞争对手存在，我们必会遭受攻击。我们竞争对手的任务就是捕获新业务，然后捍卫新领地。我们也一样。

3　我们还曾邀请汤姆担任我们的临时 CEO，尽管他没有商业经验。让我们惊讶的是，他认真地考虑了我们的邀请，虽然最终他没有接受。但是如果你曾有过"大的请求"，那么后面的"小请求"就更容易被满足。我们的"小请求"就是请他加入我们的顾问团，这个团队也是从那时开始组建的。

头脑风暴：提升韧劲

你承受艰难困苦的能力如何？你的回答也许就是你区别于他人的原因。我们每个人都会遭遇艰难的时刻。而那些最成功的人不仅能在艰难困苦中活下来，而且还能茁壮成长。

我相信韧性是一种可以获得的技能。它其实会关乎一些小事情。你给自己设定一些小目标，然后无论多么想放弃都设法去完成，通过这种方式，你便可以增强自己的韧性。我经常用跑步这种方式来锻炼自己的韧性。比如，我计划在跑步机上跑 30 分钟，可是跑到第 23 分钟的时候我就想放弃了。如果我坚持跑完，战胜脚底的疼痛和肌肉的酸楚，那么我的韧性指数便增加了那么一点点。

我的韧性指数可以应用于我生活的方方面面，在某一方面锻炼的韧性可以帮助我应对其他毫不相关的方面。当我为寻找首席运营官着急上火的那段时间，我在跑步机上坚持完成了我的锻炼任务。我整小时地在自习室学习。我冒着暴雨开车去做产品演示，然后冒雨回家，继续做必要的跟进工作，同时照顾我隐隐作痛的胃。我想把工作完成，过好非常难过的一天。因为我知道每天认真地完成生活布置给我的一切小任务，会帮助我在面临非同寻常的大任务时富有韧劲，勇敢面对，比如为我的公司招聘第一位高管。

如果我今天能早起，那么我天天都能早起。

在面临暴风骤雨时，你必须要有良好的韧性。请做好准备吧。

每个创业者都会有这样的同感：当你做成了几笔生意，上了几次新闻，领先了对手些许之后，你就会成就感爆棚，感觉战无不胜。可没过几个月你又会被挫败感笼罩，眼睁睁地看着本已成交的生意被别人抢走。我记得在 8 月的一个有雾的下午，我在电话里跟迈克·帕特森讨论我的几个项目："安提俄克市的项目现处于休眠状态，伯根山的项目已迷失了方向，加州中部的那几个城市没有一个回电话，圣里卡多市（San Ricardo）已经买了GovStrategy……"

我沉默着。迈克知道我在等什么，可他没有给我预期的回答。

"所以，本，面对这些情况你准备怎么做？下面的计划是什么？有没有什么亮点？"

他说这些话时说得那么自然，让我感觉这是一种平常的反应。而我的导师的这种态度也使我的态度转化成了一种习惯：坚持不懈。当时我并没有意识到在早期创立 Comcate 时养成的一些习惯会让我直到今天在做每一件事时都受益匪浅。我真的很幸运能拥有这样的导师——他们没有一个人想要放弃，也没有一个人想让我放弃。

>>

在这段艰难的时期，我偶尔也会问自己一个同样潜伏在很多创业者内心深处的问题："到底，这样做值得吗？"清晨 4 点被闹钟叫起来赶飞机去洛杉矶，错过一场重要的篮球训练课，和朋友们相处的时间也变少了。让成年人烦恼的"工作—生活"的平衡问题也同样困扰着我，只不过他们是要努力平衡婚姻、孩子和工作，而我的问题主要是偶尔缺席一些"常规的"童年活动。我记得一位著名的硅谷风险资本家曾经告诉我，他认为我太过投入我的Comcate 世界，说我"拿自己的整个生命去开创公司"。他的话在当时可是有些道理，因为那个阶段我的确比较煎熬。我只是很高兴我没有听从他的建议，要不然故事到这里可能就已经结束了。

我想让我的整个生命投入同真正的创业者保持在同一个标准，而不是一个少年创业者的标准。如果我放弃，人们会原谅我，他们会说："他只是个孩子。"如果我 30 岁，创业中途放弃，人们反而会说："他真没种。"既然我参照的是后一种标准，我可不想被人鄙视为没种。"这是一场艰难的旅程，挽起袖子埋头苦干，让该来的来。"我的顾问们说。

>>

"埋头苦干"对我来说就是为我的公司"准备好必要的条件"。这意味着我要四处奔波去拜访那些能帮助 Comcate 渡过难关的人。

这里举一个我四处奔波拜访的例子。有一次，我长途跋涉去加利福尼亚的一个县城——距旧金山东北方向约三小时车程的埃尔多拉多县。当时我已经学会享受这些频繁的汽车旅行，每个小城镇都为旅行者们准备好了报纸和小餐馆，抚慰着他们疲倦的心灵。

在我驾车三小时，迷路一小时，会谈一小时之后，我就踏上了三个半小时的返程之旅（驾车三小时加迷路半小时）。我驶向 50 号高速公路，我要沿着这条路走上整整 40 英里。这一段加利福尼亚高速公路可真长。我把时速调到 80 英里 / 小时，摇下车窗。收音机里本应播放妈妈爸爸乐队（The Mamas and The Papas）的民谣《加利福尼亚之梦》（*California Dreamin*），可只发出阵阵干扰信号的杂音。

过了二十分钟，我又回到了有信号的区域，我想我的黑莓手机（BlackBerry）应该也能上网了。不过要想确认我的猜想，我得先找到它。我左手握住方向盘对准左边车道，向右侧身弯腰，把右手伸到副驾驶座位下的包里找手机。在哪儿呢？我摸了一下没有找到。于是我迅速低头看了一眼，想看看手机到底在不在包里。

当我再转头看路的时候，已经太晚了。

我的车只是向左偏离了一点，撞上了一个路槽，我有点惊慌，于是马上向右打方向盘，这时右道的一辆车从我旁边呼啸而过，我想我可能往右转得太过了，之前驾校的教练就经常这样警告我，于是我又把方向盘往左打，希望能重新回到自己的车道中央。但是这次方向调整让我撞上了另外一个路槽，是老公路上常见的那种，让我的车咯噔咯噔作响。我向右转，然后向左，接着又向右，在路上驶出了一条曲线。车速不知不觉攀升到了 85 英里 / 小时，我这才突然意识到我开得太快了。我猛踩刹车，继续转向，然而车子一偏竟旋转了起来。一瞬间，我摇摆得好似风中的吊床，接下来，我又像在拼命控制着直升机发疯的翅膀。我旋转了整整三周，远远地偏离了我原来的车道，向左撞向中间的隔离带。40 英尺宽的草地和灌木将西向的车辆与东向繁忙的车流分开。在汽车飞旋的时候，我紧紧握着方向盘，死死踩住刹车，心想着：我死定了。这可完全不是我计划的那种会面。我想见的是 Comcate 的支持者们，而不是死神。

所以一切都结束了，我想。现在我要死了。至少我开心地活过，也做了我想做的事。在车子打转时我立刻想到了这些。一个愚蠢司机的太过短暂的生命就要被死神带走了，只因他在开车时一时冲动要看手机。

当我的车尖叫着冲向中间的隔离带时，我祈祷着它能够停下来，不然我就会撞上迎面驶来的车辆。我闭上眼睛，我的脚更加用力地踩住刹车踏板。我开始咳嗽。空气中满是尘土和杂草，同时掺杂着一种令人恐惧和悔恨的苦味，让我难以呼吸。车停了下来。我崩溃了，忍不住哭起来。我的泪不是英勇的泪而是溃败的泪。我带着一种蔑视看着自己，正是自己的愚蠢做法导致了这样可怕的后果。我感到很无助，大汗淋漓，浑身发抖，脑子里还在回放着这次濒临死亡的片段。

就在这时，我的黑莓手机响了。这个让我驾驶分心、差点酿成大祸的罪魁祸首还真在我的包里。我应该把它翻出来吗？在眼前这种情况下应该做什么才对？我坐在一辆极可能已经撞坏的车里，搁浅在高速公路的隔离带上。我应该接电话吗？明智的是，我没有去找电话，而是把车开下隔离带，在下一个出口下了高速，然后检查车子的损坏程度。检查完车我开始查看我的语音邮件，我的情绪立刻来了个 180 度的大反转：有一个城市希望我做进一步的产品演示，就在明天！太棒了！

第二天，在我开车去开会，沿着 101 高速公路的中央车道前进时，我的右前侧车胎突然脱落了，它早已在我频繁的越野旅行中不知不觉地磨损了。交警中断了这条加州主干道上的车流，把我带离高速路，并叫来一辆拖车。结果我的推介会又泡汤了。

>>

遭遇的失败、障碍，甚至汽车事故都是我最初创业经历的一部分。这些跌宕起伏正是你从事创业的明证。如果你的履历毫无瑕疵，那说明你还没有成为一个企业家。如果你唯一的错误只是在学校考试时答错了题或是在大公司里写砸了报告，那些都算不上什么。真正重要的是你在挫折中的表现。它之所以重要，是因为你面对真正失败的姿态是成功的一个关键因素，跟自信、驱动力和幸运一样重要。

像大多数创业者一样，我们控制着自己的命运，所以很容易把所有的责任都归咎于自己身上。请不要这样。环境形势的作用很大，且不是所有的环境形势都在你的控制之中。如果你因为一些你无法控制的条件而失败了，你只需要努力从失败中汲取经验，然后想想那句富有禅意的名言："这就是生活。"相反，找出那些你能控制的部分，然后不断地重塑它。另外，一定要把自鸣得意导致的失败消灭在萌芽之中。

回想我这一整个夏天的种种失败让我产生了一种紧迫感。我需要更多的成功。我马上就要上高中了，我的生意需要帮助。而且要快。

头脑风暴：如何创建和利用顾问委员会

一个顾问委员会可以说是一个非正式版本的董事会，因为顾问委员会不像董事会那样与公司有法律上的隶属关系，而且顾问委员会只提供建议，而不是授权。对于那些缺少资源或缺少指导甚至二者都短缺的创业者来说，顾问委员会可以起到非常关键的作用。通常如果你拥有一个顾问委员会，那便意味着你能得到免费的建议。

组建一个顾问委员会并不像听起来的那么难。首先你要列出你的目标。你需要什么样的建议？你是否只是在寻找具有较高信誉度的人？你需要你的顾问委员会成员承担什么样的责任？是每个季度会谈一次吗？还是每个月召开一次电话会议？然后拟出你的梦想团队名单，查看自己的人脉网，联系那些你尊重的人。

我需要的建议是如何创办企业以及如何打入地方政府市场。我在我有限的人脉网中寻找可以帮忙的人。我告诉大家，我正在寻找了解地方政府的顾问，知道如何开发软件的顾问，或者是懂得如何制定有效营销职能的顾问。我们最初的顾问委员会包括两位退休的市执政官、一位新兴软件企业的CEO、一位即将退休的技术主管兼律师，还有一位财务主管兼风险投资人。确定一些高素质的人选会很有帮助，因为人们愿意加入顾问委员会在一定程度上也是为了跟其他有能量的人建立关系，扩大自己的人脉。

不过，请记住，有时最好的顾问委员会提供的信誉会多于建议。这就是为什么你的顾问委员会既要有一些大名鼎鼎但没有时间的人，又要有一些名气没那么大但时间充裕的人。那些大名鼎鼎的人应该是些行业巨头，他们的名头会让你在销售过程中获得帮助。

我们计划每年至少举行两三次会议，偶尔还会召开电话会议。在这些会议中应该讨论什么样的问题呢？下面是一些我们在 Comcate 顾问委员会会议上讨论的问题。

- **产品路线图**。未来两到三年，产品将沿着怎样的方向发展？我们如何才能保证这一方向符合消费者的需求？
- **招聘**。新员工应具备哪些理想的条件？有没有人可提供好的人选？
- **竞争格局**。有没有新的竞争对手进入市场？我们有哪些竞争优势？我们区别于竞争对手的特点是什么？
- **财务和现金管理**。我们管理现金流的效率如何？

最后，即使你不开公司，也要考虑组建一个帮助你事业发展的"私人顾问委员会"。赶快去吧，邀请某人加入你的顾问委员会。你可能会惊讶地发现，有那么多人在你表示你想定期征求他们的意见时感到非常地荣幸，然后他们会欣然接受你的邀请。

Chapter

8

聘用一位临时 CEO：
我犯下的第一个大错误

唯一真正的错误是我们不能从中学到任何东西。

——约翰·鲍威尔（John Powell）

辆汽车需要有合适的司机驾驶才能跑起来。根据我的经验，有的时候，有些司机只能带你倒退。要是这样，还不如没有司机的好。

>>

我考入的是旧金山一所非常严格的高中。2002 年的秋天即将来临，我们的产品测试版正在一些城市实施，可是我开学之后又不能给 Comcate 按下暂停键。我的父亲、迈克·帕特森和我都认为我们应该尝试聘用一个临时 CEO，帮我们工作三个月，写一份商业计划并规划公司未来长期的发展。

一个朋友把他的朋友安迪·斯诺（Andy Snow）介绍给我们，安迪是一家互联网公司的前任 CEO，当时正在找工作。他的背景与我们的要求相符，现在又是自由身，这看上去简直太好了。[1]

>>

在互联网泡沫时代，安迪曾管理过一家体育用品网上商场，他成功筹得三轮风险投资，把公司扩展至好几百号人，有一次他做成了漂亮的一单生意，并借此登上了《华尔街日报》（*Wall Street Journal*）的首页！如果让我们找出比他更好的人选，我们确实找不出。于是一个夏天的晚上，我们邀请安迪来我们家谈谈 Comcate 的有关情况。

1　此处为化名。

　　安迪之前经营的那家公司已经随着互联网泡沫的破灭而破灭，我们问起这家公司的情况，他便开始讲，一直讲，一直讲。他使用了诸如"资金杠杆""业务流程"等让我感觉很时髦的术语。我们本应看到这是一种危险的信号——他根本还没有放下他原来的公司，这是第一点；其二，他说得很炫，但实质性的内容却很少。话虽如此，他的确拥有一些重要的创业经验，而且看上去很有魅力。

　　安迪走后，我们站在餐厅里开了个分析例会，站着开会往往使我们更加高效。

　　"嗨，你觉得怎么样？"我问迈克。父亲和我总是渴望听到迈克的想法。

　　"本，你也都听到了。他还没从上一家公司中走出来。当然我不是在责怪他，毕竟结束会很艰难。但是我怀疑他最终能不能走出来，去全神贯注地投入 Comcate。"迈克说。

　　"但是我们还能找谁呢？本再过几周就要开学了，我们也没有其他人选，不是吗？"父亲说道。

　　"这倒是真的。安迪确实也有创业和风投方面的经验，应该能帮得上我们的商业计划。我觉得我们可以和他保持联系，同时继续调查其他候选人。很遗憾，格雷格·拉汗给我们介绍的其他人都来不了。本，你再跟普劳推荐的那些人联系联系，看看会不会有新的收获。"迈克说。

>>

　　那次谈话以及许许多多类似的谈话都发生在我们旧金山再普通不过的家里。在影视剧中，百万富翁往往是在豪华游艇上策划他们的生财之道。而事实上，大多数的创业都发生在极其平凡的环境中。宿舍、车库、厨房、咖啡馆……甚至卧室。有的只是平凡的人、平凡的环境、平凡的谈话，以及不平凡的激情。

>>

　　尽管有一些预警的信号，我们还是再一次会见了安迪。安迪表示他可以通过以下三种方式跟我们合作：（1）担任顾问，写一份好的商业计划；（2）担任全职 CEO，直到公司筹到资金；（3）担任临时 CEO，任期三个月，帮助公司向前发展。我们觉得最后一种方案最为合适，并且表示我们很愿意跟他合作。剩下的就是我们得敲定一个合理的薪酬计划。为了拟出给安迪的工作协议，我们工作到很晚，这也许是我这家稚嫩的新公司最为重要的协议了。但是，第二天就是我的高中开学日，为了增进新生们的相互了解，学校将安排 2002 级新生去偏远的山区活动两天。

>>

　　我们驱车穿过金门大桥，大巴上都是我的新同学。大巴旅行是高中学校生活的一种缩影：人们估量着哪些人可能成为最好的朋友，而哪些人可能是失败者。音响里放着聒噪的说唱音乐，吵吵嚷嚷的体育生们霸占了大巴后排的座位。而我却离群索居地坐着，并且开始冒汗。我的黑莓手机快没信号了！安迪随时都可能给我发他的薪酬建议！可恶！

　　我一回来，我们就敲定了最后的薪酬待遇，包括工资和住房。我们让他免费住在我家隔壁亲戚家的一套房子里。这种"过渡性的"住房条件对他很有吸引力。不过事后看来，这样的住房安排是我们所做的最愚蠢的决定——这套房子跟我的卧室仅一墙之隔。相信我：永远不要把工作和私生活混为一谈！

　　　　　　　　　　　　　　　　>>

　　安迪是我第一个签署过协议的成年的生意搭档，所以我对他寄予厚望。为了实现我对他的种种期望，我总是督促他加快速度，越快越好。我发给他一堆又一堆的邮件、报告、白皮书，还有关于市场的各种材料。他需要对市场有一个基本的了解，然后学习如何做产品展示，然后再开始着手制订商业计划。

　　不幸的是，安迪在 Comcate 并没有做多长时间。在很多小事上我们观点相左，大事也一样。我们的沟通处处不畅。对此我应付一部分责任，因为除了我的父亲，我从未跟其他的成年商人密切合作过。我不知道如何与他相处。在与安迪的交往中我犯了很多错误。比如我给他反馈意见时让人感觉就像是一头熊从河里捞起一条鱼，然后恶狠狠地一口吞下，咄咄逼人，充满火药味儿。有些时候我只假设了最坏的情况，没有给他一个公平的机会。为了一些小事情我接连不断地给他发邮件，其实我完全可以攒着这些问题然后打个电话或开个小会一次性解决。

　　我还学到了另一条宝贵的教训：一家公司千万不要聘用一位个人"包袱"太重的 CEO——个人生活中让人烦恼分心的情感问题也会减少他对工作的投入。

　　　　　　　　　　　　　　　　>>

　　互联网泡沫破灭后工作特别不好找，MBA 毕业生都很有可能去汉堡店找工作。所以安迪在他短暂的任期内，轻松地找到了两个能干的商学院学生——一个来自加州大学伯克利分校，另外一个来自旧金山大学，他们俩每人每周为 Comcate 工作 20 个小时，为期三个月，而且完全免费（谁说千万不要在经济衰退时开公司）。他们协助安迪围绕以下问题展开研究：哪个是

Comcate 最好的发展方向，是只赚利润不扩大投资的小企业，还是扩大规模成长为大公司？

三个月之后他们向我的顾问委员会交付了 57 页的"白皮书"。这份文件包含了一份商业计划的所有素材，并且列出了在不同的地域或不同的投资条件下的各种情景。他们的结论是 Comcate 可以继续维持小规模的家庭运作模式，只赚取利润，不争取外部资金，不扩大公司规模。或者，如果我们想把公司做大，我们可以每年花 8 万美元聘用一位高管，联络经销伙伴，看看能否将公司的业务扩展至全国范围，然后再筹集额外的投资。换句话说，如果我们继续维持一个家庭作坊式的公司，由我和我的那些顾问们管理，我们可以期待缓慢、稳定的成长，但无法与大公司竞争。而第二种选择更让人有闯劲儿，我们可以雇人为我们工作，比如首席运营官，全职负责发展公司，募集外部风投（当然这个职位的头衔也可以是 CEO 或总裁，这将意味着更高的基础工资）。虽然后一种选择风险更大，但发展空间也更大。

头脑风暴：可以将运气最大化的三种可靠方法

在我们雇用临时 CEO 这件事上，我确实犯了错误，但我也是运气比较差。有的时候事情就是这样的。在我看来，运气是成功的因素当中最容易被低估的一个。幸运的是，你可以采用一些方法来最大程度地增加幸运的机会。

1. **让自己尽可能多一些随机性。** 参加一些别人不参加的会议，读一些别人不读的书，跟一些别人不交谈的人交谈。有谁会料到我 12 岁时在一次葬礼上演讲认识的一个人将我介绍给了我的第一个生意联系人，而这位联系人又把我介绍给了其他几位我生命中的重要人物？这就是运气。这就是随机性。

2. **相信幸运的概率。**我相信生活中既有巅峰又有低谷。每当我不走运的时候我都相信我的下一次好运肯定不远了——你总是会在跌至低谷后反弹起来。同样，每当我走运时，我都会为我下一次的低谷做好准备。坚信这一点，我在困难时期就会感觉好过一些，而在顺境时则会充分利用这些幸运的时光。

3. **欺骗自己。**对于高度的自尊心来讲，自我欺骗至关重要。在自己心中，你可以将成功多归功于自己一些。你可以认为你比你的竞争对手更努力，更有激情。你可以将飙升的胜利归因于自己不知疲倦地工作。即使有一些夸张也没有关系。毕竟，有多少人会认为是"好运气"成就了他们的成功？倒是有很多人会将自己失败的原因扣到"坏运气"的头上！我们应保持谦虚，特别是在外表上，但是内心里要认为自己不可阻挡。

　　风险越大，利益越大。对企业家来说，这无需思考：放手一搏。作家安妮·迪拉德（Annie Dillard）曾经说过："如果我们听从我们的理智，我们就永远无法品尝爱情，永远不会拥有友情，也永远不会开始创业，因为我们会太过悲观。好吧，那些都是废话。你需要做的永远都是跳下悬崖，然后在下落的途中长出翅膀。"

　　我们决定了，我们要跳下悬崖。我们必须找一个全职首席运营官帮助我们长出翅膀。

Chapter

9

寻找首席运营官：
招募一支顶尖团队

新公司一旦成立，创意的种子一旦落地生根，我们就需要有那么一个人带领公司向前发展。也就是说，我们需要为我们的队伍找一匹头马，最好是一匹意气风发的高头骏马。他（当然也可能是"她"）自信勇敢，但同时踏实肯干。他／她雷厉风行，乐观进取。他／她是胜者，也是智者。他／她诚信正直，人品爆棚。他／她精力充沛，骁勇善战，不畏困境，决策果敢。他／她还是拥有杀手本能的竞争者。他／她有将天下豪杰招入麾下的魅力，又有不嫉贤妒能的肚量。在商业的棒球场上，他／她是运动家，他／她是击球手。

　　　　　　　　　——节选自兰德尔·斯特罗斯

（Randall Stross）的著作《硅谷教父》（eBoys）

家新企业的第一次招聘是最为重要的。如果招来一个二流的人，那么最终你很可能只会得到一家二流的公司。第一次招聘对新企业的创始人来说也是最为困难的。你招来的这位会好好地养育你的"孩子"，还是会把它丢弃在暗礁之上？他会协助你登上《商业周刊》(*Business Week*) 的封面，还是会害你被淘汰出局呢？

>>

我们的临时 CEO 留给我们的调查白皮书里提到了公司发展的两条道路，我们做了一个勇敢的决定，选择了风险更大的那条路。当然，我们也给自己留了后路：如果我们没能招到合适的人，那么我们还将维持家庭作坊式的发展模式。这让招聘这件事变得不再那么恐怖。不知为什么我很怀疑我们能否找到合适的人来照顾我的"孩子"——也许是因为是由我主持这次招聘的缘故。在这方面我既不了解也没有经验。但事情很快便发生了改变。

>>

无论招聘的过程在理论上讲是多么地简单，但当你真正要做的时候——一想到你投入那么多宝贵的资源招来的这个完全陌生的人有可能对公司的发展与你有着不同的观点——你还是会感到极其痛苦，并且情绪激动。

开头并不难。我们首先需要明确这个大厨兼洗碗工的职位有哪些具体要求。迈克·帕特森仍然是我的主要导师，他从猎头那里拿了一份高管职位要求的样本给我，我根据我们的需要做了修改，然后群发给了我的顾问委员会成员们征求他们的意见。工作要求大都是一个标准，大同小异。我在候选人资格这一部分加了一句话，这句话出自吉姆·柯林斯（Jim Collins）的《从优秀到卓越》（*Good to Great*）一书："他／她能将企业愿景和战略目标转变成具体策略和具体目标。这个人谦虚朴实，动力十足，强烈渴望创造出持久高效的业绩。"这些要求有助于缩小候选人范围吗？很难。但是它提醒我们，我们需要一名热衷于开拓创新，并且愿意踏实肯干的人。

朋友和家人们投入的资金允许我们提供给第一位员工这样的待遇：底薪 9 万美元，外加优先认股权、奖金和销售佣金。这个薪资水平远远高于大部分美国工薪阶层的福利待遇，但实际上，如果你要招聘一位顶级的 CEO，这个薪资待遇就太低了。所以我们知道我们不会招到像杰克·韦尔奇、史蒂夫·乔布斯和梅格·惠特曼那样的人。

其次，我们需要在尽可能大的范围内传播我们的信息。我们在 HotJobs.com 网站和当地大学的毕业生招聘启事板上发布了招聘公告。

我收到了 200 多份不错的简历和求职信。大部分申请人似乎并不知道我的年龄。但其中有一个人显然是知道的——没准儿是通过谷歌或新闻报道知道的。他在邮件中问道："这是真的吗？如果是真的，我敬佩你的勇气，居然敢在斯坦福大学的招聘启事板上发布招聘公告。"我想跟他说："废话，这当然是真的。"但我还是很礼貌地回复了他。

我从来都不喜欢人们因为一件微不足道的事情就夸赞我"有勇气"。在创业的路上我们很多时候都要拿出真正的勇气，但肯定不是发布招聘公告这类小事。通常情况下，那些屈尊见我的人一旦开始和我聊天后就会改变对我的态度。面对那些因我的年龄而产生的偏见，我没有只是生气，而是花时间去寻找有效的策略，化偏见为前进的动力。无论你面对何种偏见，都不要慌乱、恼火。

>>

我对大量的求职邮件进行了筛选，淘汰了那些职业技能看起来不属实（从求职信就能看得出来）或者工作经历和教育背景完全不相关的申请者。然后，我跟剩下的申请者用邮件沟通，排除掉了那些薪资要求明显高于我们预算的人。

最后还剩下 30 名申请者，在接下来的几周，我们利用周末时间进行面试，一天面试三到四人。面试地点就在我们设于旧金山市中心的办公室（我占用了父亲律师事务所的一些空间）。根据迈克的建议，我们每个人都在笔记本上画一个矩阵表格，帮助记录并对比面试者的表现。表格的第一列是面试者的名字，然后是：

- 活力；
- 相关经验；
- 销售 / 市场营销能力；
- 团队精神；
- 奉献精神。

我们没有必要把这些申请者从高到低进行排名，然后选择得分最高的一个——直觉要比这个好用得多——但是矩阵可以帮助我们聚焦一些重要的因素并提供一些参考依据。我们最终选中的那位在矩阵排名中位居第四。

>>

父亲、迈克和我一起面试。为了面试，我还仔细研读了《劳工法》，知道了问哪些问题是违法的，例如：你的年龄？但是也学会了作为雇主如何委婉地提出那些敏感的问题。我还学会了如何在简历的字里行间挖掘有用的信息，如何弄清某人离开上一份工作的真正原因。

许多面试者一开始便结束了。有些人看我的眼神就像看实习生，他们自然就把注意力放到了房间里年纪更大的两个人身上，虽然我的意见最有分量（因为将来我与首席运营官共事的机会最多）。根据我自己的销售经验，会议室里你以为是"苦工"或助理的角色往往跟领导们一样有分量，因为正是这些人掌管着领导日程，负责传递信息等。还有一些人，当被要求"讲讲自己的个人经历和工作经历"时，他们选择按照逆向的时间顺序来叙述，这使得他们的经历看起来缺少连贯性或主题。这是面试中一个致命的缺点。一个能体现出进步和成长的个人经历（故事）是非常重要的。[1]

在面试中，我们没有提问像微软公司常问的那种烧脑问题，例如"你如何移动富士山？"或"世界上有多少位钢琴调音师？"我们的面试很简单：上来半小时先让面试人讲讲自己的经历，然后我们再跟他讲为什么 Comcate 提供的这个工作机会很不错。接着，我们再深入地谈一谈，看看这位申请人是否具有好胜心，是否具有进取心，理解力是否足够强，是否具有销售人员的潜质，能否独立地工作。我喜欢提问一些非常规的问题，例如"你喜欢在哪里读书？你喜欢读些什么？"我认为每位申请者都足够优秀，所以重点考察了我们是否能相处得来。

1　每个人都设法这样讲述自己的人生故事——人生中发生了一连串的事件，而这些事件的发生是我们自己选择的结果。但我觉得事实并非如此，面对人生中的很多事件，我们只是作出反应，谈不上真正的选择。正如我在讲自己的人生故事时，我很可能会更多地将故事的结果归功于我的"选择"而不是"反应"，即便真正的选择并没有那么多。我们所有的人都在以自己喜欢的方式来向自己或向他人讲述着我们的人生故事。

>>

经过现场面试后，我们选出了三名拔尖的申请者：保罗·艾尔肯（Paul Elkund）、戴夫·里奇蒙（Dave Richmond）和埃里克·西格勒（Eric Sigler）。

2003 年 2 月寒冷的一天，下午三点放学后，我们召集了顾问委员会的全体成员来面试这三位申请者。大家聚集在一个六会议室里，我宣布会议开始："非常感谢各位能来市里参加这个重要的会议。我想提醒各位：我们的任务不是从三个人当中挑选出最好的，而是要看看，以我们的预算，能不能找到一位能带领 Comcate 更上一层楼的超级明星。如果他们当中没有人能够达到我们的期望，那么我们将会继续寻找。"

随后，我把顾问委员会的成员们分成两组：市执政官组（判断候选人是否具有与执政官建立协调关系的能力）和商业人士组（评估候选人在销售和管理方面的潜质）。每个候选人在每组面试的时间是半个小时。如果我们把所有的顾问委员会成员放在一组，那么面试就不会这么高效了。

首先是保罗·艾尔肯。这位五十岁上下的绅二曾在一家有风投支持的公司担任运营副总裁。这家公司的业务是向低收入人群出售简单的电脑设备。跟其他类似的公司一样，这家公司没能成功。"上一个工作结束后，我不得不在黄页里查找我妻子的电话，然后好好地陪了她一段时间。"艾尔肯先生说道。这是一种很聪明的说法，既解释了他简历中那几个月没工作的原因，又表明了自己是一个工作狂。当他第一次说这句话时，我赞赏地大笑起来。而这次大组面试时他又说了这句话，所以很明显，艾尔肯准备了一些面试专用的精彩片段。一开始，我觉得这些俏皮话很有意思，但很快我便严肃起来。我们与临时 CEO 相处的经历提醒我：一个人讲话越花哨，实际上可能越不可靠。

艾尔肯是一位经验丰富的候选人：他乐意工作在幕后，是个实干派，一个工作狂……但是他说服别人的能力如何？他善于做销售吗？

我问了他一个关于产品宣讲风格的问题。他用"我跟你讲"这种"把盐递给我"的语调说道："我能够推销这个东西。我原来做过类似的工作，以后也做得来。"他在座位上扭动了下身体，眼睛盯了会儿地板。我被这个奇怪的回答弄糊涂了，慢慢转过头盯着窗外，欣赏起 42 楼外旧金山的风景。

第二名候选人是戴夫·里奇蒙，一位顾家的男士，外表阳光。他的背景满足了这个职位的众多重要需求：做过战略咨询，拥有创业经验，还在风投公司工作过。他看起来精力充沛，完全可以胜任频繁出差、四处推销的工作，虽然他给我们的感觉并不怎么能言善道。要说他简历上的最大缺陷的话，那就是技术方面的缺失。他没有软件开发方面的管理经验。

最后一名候选人是埃里克·西格勒。他很年轻，三十出头，刚刚从高盛集团（Goldman Sachs）辞职，可以开办自己的无线产品公司，也可以加入一家新公司。他满腔热血，愿意接受更低的工资，专业技术也很出色。但有一点重要的不足，那就是他没有经营公司的经验。为公司招高管到底要怎么选择呢？是精力充沛、缺乏经验、工资要求不高的年轻人，还是经验丰富、工资要求高的老手呢？这对于任何一个既需要经验又没有多少预算的公司来说都是一个左右为难的抉择。

在问答环节，我坐到后排，让顾问们来提问，我观摩学习。我跟别人一起面试还可以，但还没有能力主导面试。面试官们提出了很多尖锐深刻的好问题。前执政官比尔·赞恩（Bill Zaner）提的一个问题特别生动有趣，令人印象深刻。他说："你现在坐在这儿，和一个上了年纪、观念陈旧的执政官坐在一起，这个人拒绝改变，花很长的时间才能做出决定，还会问一大堆的问题。他会认为你只不过是一个臭推销员，想要卖给他一堆废物。我的问题是：如果从事这样的工作，你有何感想？"

父亲的问题更加简单明了："你准备好成为这个新创公司的第一位员工

了吗？没有后勤人员，座位旁边的格子间里没有其他人，只有你一个，你能
接受这样的情况吗？"

>>

所有的候选人走后，顾问委员会成员和核心小组成员——迈克、父亲和
我——围着大会议桌坐下。已经是晚上八点半，我们这些不拿工资的顾问
们着急要回家。会议室里弥漫着一个小时前我们吃过的冷三明治和沙拉的味
道。大部分人都在用力地嚼着饼干，希望摄入的糖分能让他们头脑清醒、精
力充沛地完成会议最后的冲刺。

"嗯……"我环顾了下四周，看谁能率先发表意见。在开放性的讨论中，
第一个人的发言通常会为随后的发言定下基调。

"什么？这还用做决定吗？在我看来，选谁其实已经很明显了。"这肯定
是汤姆·卢考克（Tom Lewcock）说的话，他总是直言不讳，这次话里还带
着点嘲讽的味道。

"这确实是明摆着的事。"曾担任希捷公司（Seagate）高管的汤姆·马尔
瓦尼（Tom Mulvaney）补充道。

比尔·赞恩也说："年轻一些的这位会用你的钱来增加自己的经验的。"
我不喜欢顾问们在发表意见时用"你"，而不是"我们"，因为在这样一个我
最最需要他们的时候，这会让我感觉更加害怕和孤独。

"也就是说戴夫·里奇蒙要好很多？"父亲问道。

"他一下就把其他两个比下去了，他更具有领袖人物的超凡魅力，更加
热情有抱负，还有风险投资领域的相关经验。"卢考克说。

人们脸上露出了微笑。看来可能用不着花整个晚上来做决定了。

"现在听听本的意见——你对戴夫的第一印象如何？你的想法最重要。"
迈克问我。

我回答道："我很喜欢他。有意思的是，他是唯一一个在面试后主动提出要与我直接接触的人，他邀请我一起去吃午饭。他意识到了这次面试的特别之处，虽然我们并没有讨论过我的年龄。"

然后，我再次提醒大家，我们这次面试并不是要选出三个人中最优秀的那个，而是要确定他们三个人当中有没有能够带领 Comcate 更上一层楼的人。

谢天谢地，担任新兴软件公司 CEO 的卡罗尔·鲁特伦终于加入了谈话，她说："我真的很喜欢戴夫，我认为他是一个多面手，这正是我们所需要的。他在技术方面确实是弱了点，我们必须得想办法弥补，但我认为他出差办事和跟客户打交道都会非常高效。如果我们打算聘请他的话，我们所有的人都需要意识到局面已发生了逆转——现在是他握着选择权了。本和大卫——你们俩明天第一件事就是打电话给他，说你们想跟他再见一面，给他做一次产品演示。我们要让他知道我们对他感兴趣。"我很喜欢她用的是"我们"，而且我也赞同她的观点。招聘就像一种奇怪的游戏——谁握有主动权取决于过程进行到了哪个阶段。

在卡罗尔发表了立场坚定的评论后，汤姆·卢考克意识到，过去他只是给一个有想法的孩子提供点非正式的建议，而现在这种建议已经事关成千上万美元的投资。于是他补充道："记住，我们只是给出建议。最终还是由你来做出决定。"我看了看他，然后把目光转向迈克·帕特森，只见他笑了一下，深吸了一口气。

会议结束，人们从会议室鱼贯而出，踏上各自回家的路，他们还要开很长时间的车才能回到旧金山湾区各处的家。父亲、迈克和我同乘一辆车驶向我们在旧金山科尔谷（Cole Valley）的家。我一直都很喜欢这种同乘。每次开完马拉松式的顾问会议，我们都会感到筋疲力尽——然而一起开车回家的路上我们还是会做进一步的分析、思考和争论，直到迈克到家下车的那一刻。但是这一次，在我们到他家之前，我们的谈话就早已结束了。我们实在太累了，都不想再说一句话。迈克打开车门下车，父亲和我都向他表达了谢意，并道了声晚安。他关上了车门，但又打开了。

"朋友们，这将会很有意思。"他说道。

我用尽全身力气向他咧嘴笑了笑。他说得非常对。

>>

第二天早晨课间的时候，我从学校出来，去了我在那条街上的"秘密基地"。我经常在那儿用手机打电话谈生意。父亲和我给戴夫打电话安排见面做演示。他对 Comcate 的热情还是很高！虽然距离我们做出最后的决定还很远，但在我们寻找首席运营官如坐过山车一样跌宕起伏的过程当中，这无疑是非常愉快的一天了。

那个周末我们在办公室约见了戴夫，当时的气氛很融洽。戴夫 38 岁了，却有一张男孩子般年轻的脸，他感情丰富、热情洋溢，跟我和父亲克制拘谨的风格形成了鲜明对比。我们挤在电脑屏幕前（当时还没有买投影仪的预算），我向戴夫做了一次详细的产品演示。我需要确定我们的首席运营官是否能接受并热爱我们的产品，因为销售我们目前的产品将是公司的第一要务。出人意料的是，戴夫并没有深究产品，在幻灯片演示的过程中他只是简单地回应"嗯，嗯"或"明白"。

"这看起来棒极了，本，"戴夫最后说，"未来三到六个月内我们还要添加哪些程序？在销售过程中有哪些大的方案可以保证产品的稳定运行？"据我们所知，目前演示的这个产品的功能已经够用了。只是后来我们才发现，这款由孟加拉国程序员东拼西凑搭出来的程序确实有很多漏洞。可在当时我非常诚实又坚定地给出了一个后来证明具有巨大误导性的回答："没有了。"

>>

做完演示后，父亲和我又分别长篇大论了一番，跟他描绘了地方政府使用这款技术的光明前景。我们告诉他，有朝一日每个城市都需要 eFeedbackManager 这样的产品，如果我们不尽快行动，我们的竞争对手就会抢先一步。我们跟戴夫的谈话进入了推销模式，而且效果不错。

头脑风暴：招贤纳士的艺术

如何才能和一流的人一起共事呢？答案就是聪明地招贤纳士。

我用牧童打个比方。当你发现了一位你想要拉入自己的管理团队、顾问委员会甚至朋友圈的人才时，首先你需要把套索套到对方的脖子上。这是初步的接触。如果你成功地接触上了，那么"拉其入伙"的漫长过程便开始了。

就拿我顾问委员会的成员来说，我们的关系都始于一次简单的接触，然后我花了几年的时间拉其入伙，直到他们从内心更愿意为公司出力。我第一次见到汤姆·卢考克是在 2002 年 6 月。他非常有名气，当时已从市执政官的位置上退了下来。见到他后，我立刻就觉得他可以作为我的顾问委员会的顶梁柱，而且理想的话，他可以作为一名可靠的地方政府官员代表，他还可以帮我们打一些推荐电话，帮助我们销售。在我们第一次见面后，他既不愿意做我们的顾问，也不愿意帮我们打电话。可随着时间的推移，我们的关系越来越好，我问他是否愿意加入我们的顾问委员会，他同意了，但他仍然不同意帮我们给之前的执政官同行们打电话推荐我们的产品。

　　迈克·帕特森是我的顾问委员会的首席顾问，想出了一个新奇的点子：我们给汤姆制作一些 Comcate 公司的商务名片，这样可以使他对公司产生更强的归属感。首先，我为迈克定做了这样的商务名片，然后有一次在我们俩跟汤姆一起吃午餐时，迈克侧过身，拿出他的商务名片，大笑着说到："你看，汤姆，你现在也得需要这样的名片了！"汤姆也哈哈大笑起来。当下一次再见汤姆时，我给了他 50 张 Comcate 公司的名片。再下一次见面时我向他提出了更大的请求。两周之后，汤姆和我一起走进旧金山的一座城市推销我们的 eFeedbackManager。

　　我认为汤姆想获得同行的认同，所以我们鼓励他帮我们拉另外一位前执政官入伙。我们把他的朋友——帕罗奥图（Palo Alto）退休的市执政官比尔·赞恩也吸纳进我们的顾问委员会。2002 年年底，汤姆告诉我他要离开美国两个月，我便问他能否让比尔在他出国期间临时接替他顾问的工作。当比尔的"临时"顾问期结束时，我告诉汤姆我们可以试着让比尔转成常任顾问。几个月后，比尔·赞恩便成了我们顾问委员会的正式成员。

　　拉人入伙并不总是那么容易。有一次，戴夫和我想用相同的方法来邀请另一位退休的市执政官，但因为戴夫提出要求的时机过早，这位市执政官拒绝了我们，我们还差点儿失去跟他的交情。招贤纳士需要花费时间，需要投入精力关注真正的贤能，还需要注意观察招纳对象的心理动向。

>>

　　一开始我和戴夫就有一些共同的兴趣，接下来，为了测试我们能否相处融洽，我们安排了一系列单独相处的场合。如果我们两个人都不能愉快地吃一顿一个小时的午饭，那我们怎么能共同度过未来几年当中的几千个小时呢？

我们需要接纳两人之间 23 岁的年龄差距：我是一位即将年满 15 岁的公司创始人，而他将是一位 38 岁的首席运营官。我们会有相同的幽默感吗？他能忍受我讲学校里的那些事吗？我能忍受他念叨他的孩子们吗？他还要乐于接纳公司的长期前景。我们公司销售的是每年租金为 1 万美元的软件应用，对于这样的公司有没有一种切实可行的商业模式？

我们在餐巾纸上写写画画，然后给了最后一个问题一个肯定的答案。我没有开玩笑——我们画了拉弗曲线（Laffer Curve）和其他无数具有历史关键意义的涂鸦，初步验证了 Comcate 的商业模式"充满潜力"，所以多亏了那张餐巾纸。[2]

我们需要认同彼此的性格和思维过程。在判断一段关系的发展潜力时，我认为一个困难但又十分重要的考量就是我和对方是否具有思想上的共同点。这并不是指我需要赞同对方的观点，而是指我们两个人都需要热衷于严谨的实证分析，一旦发现错误，为了公司的利益能迅速承认失败，调整方向。

>>

我第一次与戴夫的单独见面约在了旧金山高等法院（San Francisco Superior Court）附近的加州比萨饼屋（California Pizza Kitchen），戴夫刚刚在法院大楼里结束了陪审工作。放学后，妈妈开车送我到那里，然后给了我些钱让我乘公交回去。我们边吃边聊，吃完又聊了会儿。我们相处得很

2　拉弗曲线是一种描绘政府税收与税率之间关系的曲线。一般情况下，税率越高，政府的税收就越多，但税率的提高超过一定的限度时，企业的经营成本提高，投资减少，收入减少，即税基减少，反而导致政府的税收减少。——译者注

融洽。

戴夫的思维过程给我留下了深刻的印象，他比我预想的更富有创造性。我本身是分析型的思维，容易保守，所以喜欢接触一些更有创造力的人（不过是那些没有纹身也没有扎染头发的类型）。

"本，我非常支持公司的愿景——提高地方政府的办事效率。不过，关于项目实施和销售流程这些方面，我有一些具体的问题。"他说道。本周早些时候戴夫旁听了一次我跟潜在客户之间的电话会议，他认为我们能够制订一个更加完善的售后计划。在这种时候，如果让你的第一候选人参与公司的一些商业活动的话，他们往往可以提出最为具体和中肯的反馈，这对双方来说都有益处。戴夫概述了他的想法。

幸运的是，加州比萨饼屋有足够多的餐巾纸。

然后我把话题转移到了私人问题上。

"戴夫，我最感兴趣的是，你在简历中提到你可以跻身网球'全球 500 强'，这是真的吗？还是你在蒙我们？"

他大笑起来，然后说这差不多是真的。他谈起了高中时参加竞技网球的往事和期间艰苦的体育训练。因为我本身也是运动员，并且两个哥哥都在大学里练体育，所以我能够理解他的成长经历。这次会面愉快地结束了。

然而，我们最后一次单独见面却因为一种急迫感的存在而略微有些不舒服。那次我们是在旧金山附近的一家咖啡馆喝热咖啡。只有那一次我们没有大侃体育的话题。戴夫似乎更急于定下这件事情。他已经花了大量的时间（无偿的）跟迈克一起为公司做出了一年的预算。在道别之前，我们站在咖啡馆外面，他对我说："听我说，本，我对这个项目真的非常感兴趣。让我们迈向下一步吧。其实我手上也有一些其他的考虑，而且也都进展顺利。"我离开去乘出租车，心想他是不是在虚张声势吓唬人。

>>

我们所有的人仍然很认可戴夫，于是我们对他进行了背景调查。当你给候选人的证明人打电话时，你就是在消费他积累起来的人脉资本，所以，只有当你真正准备聘用他时再走这一步。如果他的证明人在介绍他时没那么热情的话，你就要注意了。而戴夫的证明人对他赞不绝口。我们还通过我高中的一位老师得到了一份"诚实的"反馈。[3] 这位老师的丈夫认识戴夫在阿尔托斯风投公司（Altos Ventures）的一位同事。实情是：戴夫是创业的好手，但是未曾获得巨大的成功，而且，我们都知道的，他缺乏技术方面的经验。

>>

寻找首席运营官的过程在这周晚些时候达到了高潮。那天晚餐时，我们所有的人都围坐在餐桌前，边吃美式可丽饼边商量事情。戴夫已经按照他能加入公司的假设拟好了公司第一年的预算，此时他把预算分发给大家。迈克向我讲解了资产负债表和损益表。搞清楚电子表格背后的基本假设很重要。关于他的工资，戴夫期望能有大约 11.2 万美元的总体薪酬，其中包括 9 万美元的基本工资，20% 的销售佣金，以及以优先认股权形式实现的 10% 的资产净值——该优先认股权享有四年的授权，期间可以自由行使股权且可以作为股票出售。

看着这份总体预算，我的心意突然发生了巨大的改变。咬第一口美式可丽饼的时候，我的心情还是兴奋愉悦的，但当我咬第二口的时候，我的整个情绪发生了 180 度的变化。我想要把所有的表格都撕碎，把戴夫赶出我的

3　我了解到这个老师在读哈佛大学的工商管理学硕士，于是找到她请她帮忙。我也调查了高中的其他老师，即使他们并没有教过我。通过调查，我发现一位英语老师曾经做过苹果公司的首席撰稿人。我还调查了同学们的父母是干什么的。

家。我极度渴望能单独呆一会儿，这种对孤独的渴望是那么地强烈，让我没有任何心思跟任何人互动。我的头脑中浮现出最悲惨的失败场景，我想要逃离这些景象。我一点都不想拿亲戚朋友的钱和我们的收入去冒险，这些钱加起来有 20 万美元，虽然以硅谷的标准来看它是那么地微不足道，但对于我来讲，它是一笔巨款。会议的下半场，内心的这些魔鬼让我的举止有些异常。我没多说什么。会议结束后，我和戴夫友善地握了手，并打着要写作业的幌子，躲到了自己的房间里。戴夫在客厅里等出租车的时候，我几近崩溃，这是我创办 Comcate 以来遭遇到的最为严重的个人危机。我感觉自己像个迷路进了黑漆漆的电影院的孩子，天很晚了，想要找妈妈。

于是，我向导师们求助。

我打开电子邮箱，带着满心的自我怀疑，给我的第一位导师兼顾问保罗·威廉姆斯写了一封邮件。几个月前，他曾对 Comcate 的发展表现出极大的兴趣。在这封邮件中，我明里是向他寻求建议，但实际上却盼望着他能发来自己的简历！

收件人：保罗·威廉姆斯

发件人：本·卡斯诺查

主题：我害怕得要死

日期：2003 年 2 月 20 日下午 2:28

亲爱的保罗：

我现在正面临着一个我所遇到的最艰难的抉择，我纠结万分。

你也知道，我们正在寻找合适的首席运营官。我们找到了一位，也已经跟他交流过多次（两次面试、四次一对一的谈话、一次重要的会议、多次公司讨论等）。他看起来很聪明，也很有经验——可能会做得很好，带领 Comcate 向前发展。现在我们正在讨论各种薪酬方案、预算、时间表等。很久之前，我们（我、顾问委员会、我父亲）决定想要

Comcate 突破作坊式的发展模式，尝试筹集资金，把业务发展至更多的区域，拓展更多的供应渠道，等等……同时我们也明白，随着公司的发展，很多决定也会变得不再像过去那样容易掌控。

所以我们全力向前，一步步深入地了解我们的这位候选人——他真的非常积极热情，我想我们也是。为了聘用他，我们即将动用公司有史以来最大的一笔开销，而现在这个时候，各个城市为了应对有史以来最大的财政危机都在缩减开支（这不是说现在的销售状况不好——事实上状况很不错）。

老实说，我害怕得要死，我们即将跳上一艘船，船速会一下从 1 提到 100。我的意思是，我们起步时很慢，发展得也很慢，一直是在逐渐地吸引更多的城市加入我们。可是现在，我们突然聘请了一位首席运营官，接下来他还会招来更多的人……然后还有大量的钱要投进去。

我们总是在说 Comcate 前景不可估量，一定能取得成功。而且，对我来说，Comcate 一直是——并且将来仍会是——一种了不起的学习经历。如果我们增加了员工，得到了投资，公司肯定会迎来一些新挑战和新问题，我也会学到新东西，得到新的历练。而如果我们让 Comcate 维持作坊式的发展模式，我还能得到同样广泛的历练吗？不会。虽然我能获得宝贵的学习经历，但也有可能把所有的钱都投入后却只收获了失败，那么我又该如何权衡取舍呢？

总之，这是我内心活动的一瞥。如果你有任何可以让我仔细考虑的建议，我会非常乐意洗耳恭听！

祝好！

本·卡斯诺查

收件人：本·卡斯诺查
发件人：保罗·威廉姆斯

主题：回复：我害怕得要死

日期：2003 年 2 月 25 日　晚上 9:00

亲爱的本：

首先，我认为有些时候害怕是正常的。承担财务责任的重要性不容低估——如果低估这个问题，后果将不堪设想。你很聪明，从你的信中可以看出你也很有眼光。

其次，我认为你提的问题很好。我也认为你应该相信你自己的直觉——在我看来，他们有着惊人的敏锐力。如果想寻求安慰，你可以诉诸知识，征求专家的建议，认真考虑面前的选择，不断地学习，听取他人意见，再度评估，继续前进，尽力做出最好的决定。

我猜你已经问过自己这些问题了：你具体担心的是什么？这些担心的基础是什么？如果这些担心是对的，那么怎样才能"隔离"或保护公司？如此等等。正如我所说的，你很可能已经解决了所有的这些问题。

最后，你可以对自己说，根据我能掌握的所有信息，我已经尽了自己最大的努力为公司做出了最好的决定。

我愿意尽我所能帮助你，即使现在我的时间也很紧张。请随时告诉我最新的进展！

保重！

保罗

我还是不敢跳下悬崖。

直到第二天戴夫给我打电话。他注意到了我行为的异常（这是一项非常重要的技能），于是想看看我究竟是什么状况。我没有承认我感觉并不好（我不想让他沮丧），但是他知道出了什么事，就像家长总是能看出来今天他们的孩子在学校过得不开心一样。我同意这周晚些时候和他开一次电话会议，表面上看我们是为了讨论销售过程中存在的挑战，但实际上，更多的是他想借此机会来进一步安抚我。回头再看，我想我的恐惧来自于这次风险的巨大规模、信息的不对称，以及内心情感上的障碍——一个外人要来接管如同我孩子一般的公司，对此，我一时难以接受。

头脑风暴：如何克服对失败的恐惧

我敢说我比你失败的次数要多。是真的！

在学校里，我没能取得好成绩。

中学时，我想成立一个无线电台，可是失败了。

我的第一个商业创意是成立一家网上彩票交易所，结果也未能成功。

我搞砸过无数次的销售演讲，有时我正讲着，人们就当着我的面走了出去。

我未能带领我们的篮球队获得联赛冠军。

现在，我不喜欢沉浸在失败的往事里，因为我更喜欢带着教训离开，继续向前。但是我不否认，比起一般人，我失败的时间更早，失败的频率更高。要想克服对失败的恐惧，最好的办法就是：经历失败。经历一些小的失败，学习善于面对小失败，学会嘲笑你自己。不要做自我保护的傻事：我只付出了 75% 的努力，所以失败了我也可以接受；要是我付出了全部的努力，我肯定就能成功了。然后，赌注会越来越大，你要继续勤加练习。但你仍旧会感到害怕，也许是害怕难堪。但是通过练习，你会学着把失败看成是一种可以用来改进、完善自己的反馈。而对我来说，在大多数情况下，失败意味着成功被堵在了路上。

认为你可以消灭所有的恐惧，这个观点是不对的。在高压的创业环境下，压力、紧张和恐惧可以是一些有益于做出明智决定的积极的

情绪。但是不要让它束缚住你的手脚——就像我在为 Comcate 寻找首
席运营官的过程中那样。

这是我生命中一段疯狂的时期。除了要跟戴夫接触交流，我几乎每天都
要出差给潜在客户做推介。三个月里有两周时间我是这么度过的：在洛杉
矶呆了 4 天，会见老客户和潜在客户；在洛思阿图斯、利弗莫尔和奥林达做
推销宣传；与一名专门研究电子政务的教授共进午餐；每一天都与迈克通电
话，讨论与首席运营官的谈判进展。除此之外，这三个月里，我还与库比
蒂诺市签订了协议，大胜同一地区的其他竞争对手。期间，我还在蒙特利
（Monterey）逗留了一个晚上，在那里，我偷偷溜进了一个不对供应商开放
的市政府工作会场寻找客户（他们差点儿没让我进去）。此外，出乎意料的
是，还是一名高二学生的我突然被招入了校篮球队（那些日子是我最怀念的
一段校园时光，我常常从洛杉矶赶回来参加傍晚时分的训练）。最后，我去
医生那里做了检查，结果是我得了高血压，在 14 岁的高龄。

当然，看到我这样的日程，你肯定会问一个十分严肃的问题：高一的时
候你到底有没有上过课？我确实没有这方面的印象了（我连成绩单都没有）。

>>

父亲、迈克和我在原则上同意了戴夫的酬金和第一年的预算。到了这个
时候，我已经下定决心去聘请戴夫，战胜自己对失败的恐惧。

迈克和顾问汤姆·马尔瓦尼在修改聘用协议。

"本，我们弄的差不多了。我已经和戴夫谈过了，我们在原则上同意他
提出的薪资待遇，只是具体的薪酬结构需要调整一下。他的薪酬将包括基本
工资、销售佣金，当然还有股票。"迈克说道。

"很好，还有什么没有谈妥的吗？"我问。

"嗯，他有一件事情不愿意让步，那就是 15 天的假期。"

"你肯定是逗我的吧！"

"没有啊。"迈克大笑起来。

在戴夫起草的薪酬待遇中他提出了 20 天的假期，我们削减到了 10 天。实际上这并没有什么意义，但是我们强烈地感受到他需要明白这是一个需要长时间工作的职位。他那么坚持地要增加那 5 天的假期让我们难以理解。毕竟，对大多数新成立的公司而言，一旦首席执行官和董事会之间建立起信任，那么在时间安排上通常具有非常大的灵活性。只要能够用心经营业务，完成业绩目标。但是，我咬了咬嘴唇——正如我们在谈判中经常做的那样——我们给了他 15 天的假期。

我们又在其他细节问题上讨价还价了一番，例如具体的佣金结构（如果一个订单是我谈成的，但是在他上任之后才签署的协议，在这种情况下，他是否应该拿提成？），再比如经费授权权限（公司支出达到怎样的上限才需要我的批准？）。我们之间所有的谈判都是在真心实意的基础上进行的，谈判双方都很通情达理，我在这个过程中也学到了很多关于管理层薪资构成的知识。我们的谈判遵循的还是那种古老的"高价、低价、中间价"的套路：一方提出高价，另一方砍成低价，最后双方再确定一个中间价格。这个方法有利于首先开价的一方，因为他提出的价格给整个谈判定下了基调。另外一种谈判的方式就是"从一开始就公平透明"。双方坐在一起，从一开始就提出一个最公平的价格，而没有来回的讨价还价。

谢天谢地，我有经验丰富的顾问们主导这一过程。的确，戴夫事后告诉我，要不是有迈克这些人在，他可能不会那么痛快地加入我们。此外，我还没有能力看透一份高管合同，所以我试着站到一边，满足于只做一个"文字处理器"。当我的能力跟不上他们的步伐时，我并不总是有勇气退到一边——毕竟，我也需要建立自己的威信——但是这次，我做到了。

2003年3月15日，我们签署了协议。我刚满15岁。戴夫·里奇蒙正式成为我们的第一位员工。我十分用心地写了一封电子邮件发给了我们顾问委员会的成员们，正式宣布戴夫的加入。当我点击发送键的那一刻，我感到一阵热血涌上心头（难道是我的高血压犯了？）。

这一天终于到来了。几个月前，当我们启动这个程序的时候，我从未想到这个过程会这么累人。毫不夸张，我们收到了来自世界各地的几百份简历，有很多人对我们公司首席运营官的职位感兴趣。

申请者的多元化让我们耳目一新。他们当中有年纪轻轻、刚刚开始崭露头角的工商管理学硕士，也有五十多岁、成熟稳重、经验丰富的公司高管。不过，在第一轮面试中就有人脱颖而出。当面试结束，我送面试人到门口的时候，戴夫·里奇蒙是唯一一个提出要跟我单独吃个便饭的人。虽然看似是一个微不足道的举动，但那种关怀和友善持续了很长时间。尽管如此，我们还是在面试中疯狂地考验他，确保他那令人印象深刻的简历能经得起市执政官和商务顾问们的考验。

今天，2003年3月15日，星期六，我们与戴夫签署了协议，正式聘用戴夫为Comcate的首席运营官。这是我在公司历史上做出的最重大的一次决定。戴夫的职位长期稳定，他是我们公司的第一位员工。我们下定决心要让Comcate更上一层楼，让这个之前我们只能兼职经营的公司走得更长远。戴夫将在我们所有人的支持下，带领我们实现这个目标。

戴夫，欢迎你。你将和一群世界上最努力的人一起工作。正如招聘启事中提到的，我们都疯狂地渴望着创造出持久高效的业绩。戴夫，你也必须这样，我相信你已经被传染上了这种疯狂。你需要拼命地工作——而且还不止这样。这绝对不是一份轻松的工作。这份工作面临着足够多的挑战……而且，随着一次次阶段性目标的实现，成功的标杆会不断地升高。我们都对你寄予了极大的信任。

我创立了过去，戴夫，而未来将由我们共同建造。在未来几个月中，可能会有超过 50 万的市民使用我们的技术跟他们的地方政府打交道。我们目前的技术和未来的技术很可能会从根本上改变政府向纳税公民提供服务的方式。我们的产品是富有深度、可以改变世界的产品。客户对我们的产品充满热情绝对是必需的。

显然，沟通是关键。无论是传达给戴夫的指示，还是日程的协调安排，每一件事情都必须准确一致地传达和执行。公司成员间是否能真诚坦率地交流决定着公司的成败，所以我们从一开始就应该将这一点重视起来。

最后，我想要感谢所有人的支持和付出。我尤其要感谢迈克·帕特森的一路指导，还要感谢汤姆·马尔瓦尼和卡罗尔·鲁特伦在面试后的合同谈判中发挥了重要的作用。如果靠我们集体的智慧而做出的决定是正确的，那么戴夫和他在 Comcate 的工作将会取得成功。哦，天啊，我希望这美梦成真。

戴夫——祝你好运！让这封邮件来引领未来更多的令人兴奋的成功宣言吧。让我们一起努力！再一次欢迎加入 Comcate。戴夫·里奇蒙，祝你成功。

谨致问候

创始人本·卡斯诺查

Chapter

10

旅途战士的生活：
打造令人难忘的推销演讲

生产和销售——任何生意都是如此，无论是波音大公司还是街角的柠檬水小贩。剩下的就是做梦、描绘和胡思乱想。

———出自凯尔·拉斯科（Kyle Lusk）和

约翰·哈里森（John Harrison）的

《一只滑鼠闯通关》（*The MouseDriver Chronicles*）

当年日本资深工程师中钵良治博士（Ryoji Chubachi）在聘请美国人霍华德·斯金格（Howard Stringer）做索尼公司 CEO 的时候，他深知只有自己和 CEO 搞好关系、达成默契，他们两个才能成功携手重振索尼公司。所以他们两个跑到日本乡下，脱了衣服，一起泡温泉。

我们新聘用的首席运营官戴夫·里奇蒙和我也有着同样的目标，不过我们没有一起去泡日本温泉，而是连续几天一起在租来的车上、赶路的飞机上、憋闷的会议室里还有旅馆的房间里"亲密接触"。我们一起完成了几十次的产品推介会，在会议与会议的间隔时间都要花好几个小时聊我们的项目。通过我们的谈话，我想让他尽快了解公司的情况。不过，他暂时对公司情况的不了解正好可以让我们重新审视一番那些基本的假设，我不想破坏这种宝贵的"窗口期"。

要想从员工那里得到高质量的反馈，有两个最好的时机——一个是刚被聘用时，另一个是被解雇时。开始时他们会问很多"愚蠢的问题"，可惜的是这些问题通常不会引起重视；而在最后的离职面谈时，他们往往会给出最坦率的反馈。这是我在我们的临时 CEO 身上犯下的另外一个错误：他在刚开始接触 Comcate 后可能产生了一些新鲜的创意，可是我却用海量的信息淹没了他。

>>

我对戴夫进行了多方面的了解，我非常喜欢他。不过，我们俩之间最重要的纽带并不仅仅限于为了事业成功而需要的和谐关系。事实上，在一个创业团队，工作最大的快乐来自于创业成员间亲密的情谊。这一点十分必要，也不可避免。

友情会带来坦率的交流。刚开始，交流可能会略带矜持，但没过多久，我和戴夫就开始对彼此直言不讳了。我很愿意听到他对我说："本，你知道吗？我真的认为这次推销的开场白让你搞砸了。"如果你和你的团队成员之间没有相互批评——如果没有任何小争执——那就代表有人不诚实，或者这意味着团队关系还不够紧密，因为紧密的关系能让人们冲破障碍，诚实地反馈。

尽管我们关系密切，但我仍有疑心。作为我职业生涯中的第二个生意伙伴，戴夫很不幸地继承了我们对他的前任，也就是那位临时 CEO 的怀疑。在他工作的头几个月里，要是有个电话他没有接，我就会怀疑那一天他是不是没有上班。我经常在下午 5:15 往他的办公室打电话查岗看看他是否还在那里。我质疑他的支出，嫌他的支出记录写得太简单。我的这种态度体现了一种名为"近因效应"的心理现象，这种现象是指最近、最后的印象往往是最突出的，可以冲淡在此之前产生的各种因素。对我来说，最近的印象就是我们的临时 CEO 留给我们的伤口。

>>

2003 年夏天，我的高一新生生活结束了，我和戴夫要出发去推销、推销、推销（并建立联系），在出发之前，我们需要划定我们的业务范围，以求最大的效果和最小的开支。首先，我们需要划定一个地理范围：以旧金山为中心，我们愿意前往多远的地方去推销。我们决定简单一点：只要是西南航空公司的航班能够直飞的地方，我们就可以去。这样不但可以保证我们从旧金山乘飞机出发一到两个小时就可以抵达目的地，而且还可以降低差旅费用，因为西南航空的航班相对便宜。

其次，我们还需要把之前只存于我大脑中的基本销售策略具体呈现出来，并确定下来。这包括利用 salesforce.com 记录潜在客户的渠道，细分潜在客户列表，明确销售流程和销售阶段，以及列出一个城市的各种联系人（如经济决策者和影响者）。按照杰弗里·摩尔（Geoffrey Moore）在其著作《跨越鸿沟》（*Crossing the Chasm*）中教导的，我们明确了我们的目标市场，是因为我们想要设法主宰市场的一角。这样我们就可以利用我们在一个局部领域的成功打入地方政府市场的其他目标领域。

>>

一般，我为产品推销做准备会遵循以下步骤：花好几个小时打印幻灯片材料，准备分发给会议成员（一定要给潜在客户留下充足的材料），设置产品演示（我会花上一个小时甚至更长时间为每个城市量身定制产品的外观和产品体验感受——城市和城市间区别很大），研究目标城市及其背景（丰富全面的客户概况可以为推销提供有价值的信息），然后想象自己在做一个非常有感染力的推介演讲。我非常热衷于想象——我们的大脑并不会区分某一动作是身体的还是精神的。管理大师汤姆·彼得斯（Tom Peters）曾经说过："演讲技巧值得我们进行强迫性的学习。"本着这种精神，我强迫症似地准备我的每一次推销演讲，并且——至关重要地——想象演讲能够成功。

>>

除了我个人的工作准备和心理准备，我和戴夫还要一起花时间针对每一次推介展开头脑风暴。鉴于这些准备工作是推介会成功与否的关键，我们一般都会思考以下几个问题。

第一，哪些人是关键角色？决策者会出现在会议室吗？还是只是助理参会？会有许多人参会吗？有些时候我们无从知晓。如果我们精心准备的话，我们中的一个会在会议前一天联系目标城市的联系人确认这些信息。最完美的情况是第一次会议成员中包括市执政官、他／她的助理以及 IT 部门主管。市执政官的助理非常关键：他／她会使我们后续的跟进工作更加容易。

头脑风暴：演讲——一项值得我们痴迷的艺术

什么才是有效的演讲技巧？这值得我们每个人潜心研究。不幸的是——抑或幸运的是——一场有分量的演讲，其门槛并不高。大部分人都不是好的演讲者：他们的声音不够有吸引力，他们呈现的视觉资料很无聊，对待细节问题，他们要么一笔带过，要么纠结太深。这就意味着你有很多机会可以做一场出色的演讲。

在会议或者销售推介中，虽然我的演讲水平只是"还不错"，但是对比我前后的演讲者，我却可以给人留下"非常棒"的印象。我曾经在一次行业会议上亲身感受到了这一点。当时我前面已经有两位演讲人发过言，我注意到几乎每位观众都懒散地坐在座位上，努力眨着眼睛好保持清醒。我下定决心至少要让我的发言听起来有趣。在使出浑身解数娱乐和唤醒观众（我讲了一个充满冲突和幽默的故事）之后，人们对我后面要讲的内容充满兴趣，并询问我更多关于 Comcate 产品的信息。

有关演讲的窍门比比皆是，这里我只讲几点我在演讲中取得成功的关键因素。

- **准备和想象**。至少要花演讲一半长的时间来做准备。如果你的演讲是一个小时（推销、演说、会议），那么至少要花半个小时来做准备。准备可以意味着许多方面的内容。除了显而易见

的那些内容，我发现想象是非常有用的。具体、生动地想象你正在成功地进行演讲的情形。将你成功的样子在脑海当中呈现出来。

- **热情**。或者像汤姆·彼得斯说的那样："！！！！"情感是具有传染性的。如果你热情洋溢，那么房间里的其他人也会被你的热情感染。

- **超越要点**。很多演讲者制作的幻灯片让观众越读越困。读一读克里夫·阿特金森（Cliff Atkinson）的著作《PPT 演绎：故事化设计》（*Beyond Bullet Points*），学一学为何图片要比一条条的要点更能有效地传递你的想法。用一张张富有激发性的图片代替一条条的要点，对着图片讲述，不要将文本写在上面。比如，当我想表达"易用性"这一想法时，我就用了一张谷歌（Google）主页的图片。

请记住，那些在讲演时让人感觉最自然最放松的演讲者往往是事前做功课最多的人。史蒂夫·乔布斯在苹果大会的演讲台上表现得是那么轻松自如，事实上据苹果内部人士透露，他为此提前准备了好几个星期。

永远不要辜负自己（或听众）。认真对待每一次演讲。

第二，潜在客户的基本情况如何？他们的预算是多少？他们最近上新闻了吗？他们的困难是什么？管理层的个人简介？如果你提前做了功课，你的潜在客户会喜欢的。

第三，我们要说些什么？产品推介我们已经做了 100 万次了，可是每次我们总是尝试着根据不同的推介对象量身定制推介词。我们每次都会重新考

虑我们分别该说什么以及我们如何介绍对方。最后，我们（尝试着）商定一
个报价。我们从未给自己的产品制定一个标准的价格清单。产品最后的定价
取决于：（1）推介会上潜在客户表现出的热情；（2）我们对 Comcate 销售前
景的乐观程度；（3）目标城市或市执政官在该市场中的影响力（舆论领袖能
拿到更低的价格）；（4）外面是阴天还是晴天。很多时候报价就像是赌博。

　　这种报价的工作把我们两个都逼疯了——我们必须在会议结束后立刻把
我们说过的内容记录下来——不过我们觉得我们也没有其他的选择。每次我
们都会坐下来认真制作一个带公式的 Excel 价格表，但没有一次我们能够坚
持表格上的价格报价，因为每一次销售情况都不一样，而每一次都是那么地
重要。考虑到我们的业务尚处于发展初期，我们最需要的是通过客户建立起
信誉，所以几千美元并不是多么重要。我们喜欢这么说："你看，我们不喜
欢价格成为交易的障碍。就这么成交吧。"在推介会上，当我们中的一个开
始投入地报价或者慷慨地提供"特别"折扣或一次性优惠时，我们都会会心
地微笑。我们可能刚刚在车里商量好了一个价格，可会议中我们中的一个就
报出了不同的数字，当然事后我们还会饶有兴致地讨论为什么会有这种临时
的变化。

>>

　　忙碌的 7 月中的一周特别能代表我和戴夫两人共同的旅程。周一我安排
了两个推介会，周二有三个——全都是在加州南部。我们周一早上 5:30 左
右在奥克兰机场碰头，一起赶早班机飞往南加州。

　　我们本周的第一次会议要去位于洛杉矶县东部的富裕小镇里奇沃特。这
个小城镇没什么名气，市政厅也毫不起眼，工作人员对于新鲜事物也没有什
么热情。以上种种让其他公司忽略了这个小城镇，但却把我们吸引了来。不

满的客户和被忽略的客户往往可以为伺机突袭的公司提供大好机会。之前我已经托人把我介绍给了这里的市执政官杰夫，这让我觉得这次接触很"温暖"，而且准备充分。不幸的是，我们去的不是时候。他的眼睛下面眼袋凸起，衬衫上污渍斑斑，声音嘶哑得如同刚刚睡醒一般，只不过这一天他都是这种嘶哑的状态。"你们好。不好意思，请等我一会儿。"杰夫说着，在会议室露了下脸然后就离开了。我们一直等到他回来。

他上来就坦白他的听力不太好，让我不用担心，尽管冲他大喊大叫。我决定不向他大喊大叫，但我确实提高了我的嗓音，好像我用了扬声器一般。这次会议感觉是被迫的——他之所以来开这次会好像仅仅是因为另外一个城市的同行请他这样做——我知道我面临的是一场硬仗。当我们准备演示的时候，他手里翻着一个文件夹。

一开始我讲了个故事。人们总是喜欢听故事的。故事的内容是我创办了网站 ComplainandResolve.com，而且我的经验告诉我，有一些政府非常擅长处理市民的请求，而有一些却不那么擅长。如果观众听到这句话后点头了，说明他听进去了，并且可以看到我过去的经验和现在的工作之间的逻辑关系。如果他没有点头，说明他并不投入，这意味着我需要比平时更早问一些试探性的问题。开场故事之后的连接是关键。

杰夫点了点头，但没有微笑。我纠结了片刻，琢磨着这到底算不算"投入"。我继续说："所以自那之后的八个月里我拜见了诸多市执政官、部门主管、民选官员还有退休的市执政官，调查他们对地方政府的市民服务的想法。从我们的焦点小组来看……"[1] 我继续讲着。我之所以把上面最后一个句子放在引号里是因为我当时就是这么说的，一字都不差。我状态最好的时

---

1 如果你没有多少客户可以参考，那么位列第二的最佳选择就是参考焦点小组中的城市。

候，很少需要去想我在说什么。相反，我会集中精神专注有什么问题是他们有但却没有提出来的；然后我把我大脑的抽屉打开，把已经准备好的答案拎出来。用不了多长时间，那些在产品推销时常见的问题会一个一个蹦出来，答案已经准备好了，让人感觉到挑战的是如何根据推介会的现场和潜在客户的需要对答案进行微调或侧重强调。

杰夫突然插话道："是的，言之有理。那么现在怎么样了？"他想传达一种信息：他的时间不多。每个人都喜欢表现出自己很忙。

"好的，以上是过去的情况。我马上就开始演示产品，不过首先我想问您几个问题。我非常感激您能在这上面花些时间，杰夫，对你们的情况做些了解会使我们的会议更有效。"我说道。在推销的时候，我们很容易被过于焦急或过于挑剔的听众搅得方寸大乱、不知所措。我准备的推销步骤是我所知道的最有效的，所以我努力稳住自己的阵脚。

"您现在怎么看待市民服务？"我问道，"不同的部门是如何处理市民请求的？在市民服务方面，市政府有哪些工作重点？"这些都是试探性的问题。我认为，在正式演示前问几个简单的问题是至关重要的。比较理想的情况是你提前就知道了答案，但如果你不知道，也可将其视为有用的信息。所提的问题要宽泛一些，这样对方多少都能谈一点，如果幸运的话，你还能从他们的回答当中捕捉到他们的需要和关注点。很多时候，在潜在客户开口前，我就已经看出他们关注什么，虽然有时候并没有明确的根据。

看到我对他的工作和这座城市表现出了真正的兴趣，而不是立即用强硬的销售词句炮轰他，杰夫似乎开始向我们敞开了心扉。当他谈到市政府的工作重点和现有的办事规程时，我在我的笔记本上一阵狂草，同时不忘跟他保持目光的接触。我记笔记一方面是作为我们的内部记录，另一方面是为了向他表示我关心并重视他的意见。

"谢谢，杰夫。这将很有帮助。现在我们进入演示环节。"我有十足的信心让他对我的演示感兴趣，通过一张张幻灯片，我展示我们产品的特性并借助例子帮助他们理解。有一点很重要，那就是不要解释得太多——毕竟，潜在客户如果对产品感兴趣的话肯定想要提问的，即便他们没有问题。提问能让房间里的其他人知道你听得很投入，并且可以作为一种自我检查，看看自己的大脑是否在会议期间勤奋工作了。所以我总是会留一些显而易见的问题让人们去问，然后再给出精彩的答案。

"工作人员如何变更某一市民的请求？"杰夫问道。这是一个很好的问题。我给他展示了工作人员的操作界面，讲解了如何进行这一操作。

"另外，对于这款产品你们能提供什么样的支持？"杰夫又问。

"我们的工作人员每天从上午 8 点到下午 5 点都可以提供支持，另外，我们还提供现场培训和必要的后续培训。我能问问您为什么会问这个问题吗？"

"是这样的，我们的财务系统要等供应商来升级软件的话要等很长时间。"

哈，完美。在问题之后再询问"您为什么会问这样的问题"有时能显露出真正的有价值的东西。

"您说到点儿上了，杰夫。我要跟您说明一下：我们的工作方式是不一样的。我们的软件是由我们来负责管理的。就像您不需要建发电厂就可以用电一样，现在您不需要购买服务器也不需要雇 IT 人员就可以使用我们的软件。这种软件是基于网络的，您只需要每年支付租赁费用即可。我们会不断升级我们的软件。没有麻烦的安装，也不需要光盘驱动器。我们这种软件的交付模式是开创性的。"

他看起来有所触动，尽管他那副质疑我们为什么要占用他时间的表情依然没怎么缓和。

"我不得不说，我担心把这个放在我们的网站上会鼓励一些不必要的抱怨。可我们为什么要让市民更容易抱怨呢？"

"这是一个很好的问题。我们认为这种情况不会发生，并且我们其他客户的数据也显示这种情况不会发生。事实上，我们的客户很乐意看到市民们可以更容易地在网上联系市政厅。比如，我在正常的营业时间工作，没有时间给市政厅打电话或亲自去市政厅提交服务请求，但是现在我在网上就可以解决。但是为了以防万一，杰夫，我们也有工具可以让您阻止某些试图滥用这项服务的人。最后，如果您不想提供在线服务，那您也可以不提供。您可以只在内部使用该产品。"

我不知道这个答案是否解答了杰夫的问题，但是时间有限，而且杰夫总是想在规定的时间内结束推介。杰夫没有再问其他问题，没有任何打扰。我结束了幻灯片，回应了他最初问的几个问题，最后道出了结束语："一想到有可能与这座城市合作，我们就感到激动万分。我们希望合作能够成功。我们希望你们成为我们在洛杉矶县东部的王牌客户。感谢您的时间和关注。现在，我希望能得到您的一些反馈意见，有趣的或者相关的。"

杰夫咬着嘴唇，研究着屏幕，虽然屏幕上没什么内容。我转向戴夫，整个介绍过程他基本没怎么说话，他赞许地点头，对我的表现表示认可，但看上去也同样担心着杰夫的反应。

"等一下。"杰夫说。然后离开了房间。到底是怎么回事？基于他之前的古怪表现，我猜不出这是什么意思。

片刻之后，他和他的助理帕特丽夏一起回来了。

"帕特，你看看这个，这个很有意思。它可以管理市民的投诉和提问，能生成报告，还有问责机制，能帮助我们做好工作。本，把你给我介绍的内容大概跟帕特讲讲。"

我想杰夫刚才提到的上午 11 点的会议我们是可以等的。我跟帕特做了简单介绍。帕特丽夏这位助理女士，没有在我们和自己的老板面前表示异议。她表现出了极大的热情。

"老实说，本，你的产品令我始料未及。"他的脸上终于露出了微笑，好像他只把笑容留给特别的人一样。"我还想多了解了解。目前在里奇沃特我们可以有很多种方法使用这款产品。我还需要跟我的部门主管们讨论讨论，然后我再答复你。你能跟我说说产品使用的价格和实施费用吗？"

太棒了！不过，他之前一直不露声色、不亮底牌，我很惊讶他没有在之前看上去不怎么热情的时候询问价格。如果他知道我们的价格有多少水分，他就能拿到更优惠的价格！

"太好了，我也正想跟您谈谈这笔投资。"我总是喜欢将"费用"称为"投资"。我扫了一眼戴夫，他低头盯着地面，这样一会儿我漫天胡扯时他就不用努力控制自己的表情了。

"我们认真考虑过如何才能让 eFM 投资对里奇沃特这样的小城市具有吸引力。我们想把里奇沃特打造成我们在这个县的龙头客户，如果我们的客户中能有里奇沃特这种德高望重的成员我们将深感自豪。所以，对你们来说，实施的投资是 5 000 美元，一年的使用投资是 10 000 美元。但是，考虑到您的城市的影响力，我们愿意把实施费用减半。那么给您的价格就是实施费 2 500 美元加上年费 10 000 美元，您意下如何？"

"嗯，看起来还比较合理……"

"我们的一个客户在实施了 eFM 之后针对员工的时间分配情况做过调查。"我继续说："发现一线工作人员在回应咨询、回复公共信息查询请求等方面每人每天能够节省 20~25 分钟。如果整个组织加起来，我们认为这一投资物有所值。"

"嗯。"

头脑风暴：初创公司如何给产品定价

当我创立 Comcate 的时候，我曾经为如何给我的产品定价挣扎了很久。这是任何一家新公司都会面临的最难做的决定之一，常常是好不容易做了决定，却又不断地推倒重来。

你的定价模型将取决于你公司业务的发展阶段以及公司产品或服务的发展阶段。

在业务起步阶段，（冒着少赚些钱的风险）争取客户可能比获得收入更重要。有了真正的客户，你就可以获得有价值的反馈，潜在客户对你的信任度也会提高，而且你还可以借助这些客户打入某些特定的市场领域。在 Comcate，我们为早期客户提供大幅折扣，我们称他们为"特权客户"。当然，作为折扣的交换，他们也明白我们仍有一些缺陷尚待解决，所以他们的反馈至关重要。

产品的发展阶段也会影响到定价。我们的产品 eFeedbackManager 早期的迭代成果还没有强大到足以证明它一定会带来丰厚的回报。也就是说，使用该产品节省的效率能够让投资物有所值这一点还没有到不证自明的程度。所以，我们必须还要依靠"改善市民服务"这种更为抽象的好处，同时降低产品的价格。

还有其他几个因素需要考虑。例如，你可以仔细计算出产品生产和交付的成本，然后仅收取少量溢价。你可以提供三个版本的服务——高端、中端和低端，并且心里明白大多数人都会选择中间的版本。另外，你还要考虑竞争格局的问题。

我看到有些初创公司所犯的最大错误就是定价过低，因此削弱了产品或服务的感知价值。你如何为自己的产品定价影响着人们对该产品的定位。此外，有的公司为了尽快成交，一时冲动狠狠地打了个折扣，但这却在整个市场开创了先例，其他所有客户都希望得到这种"特殊"折扣。

所有这些因素使得定价成为了一个非常复杂的问题，而且自相矛盾的是，定价一方面需要严谨的分析和运算，另一方面又需要临场发挥的判断力和创造力。

"接下来，您和帕特谈一谈，然后再跟管理团队的其他成员商量一下。我们很愿意再来一次，为部门成员们介绍情况。我也可以跟您的 IT 人员开个电话会议，这样他们就可以了解我们的谈话内容。"

"好的。这听起来不错。嘿，感谢你们能过来。我还不能确定这事最后一定能成，不过我明白了为什么道格会推荐你们来。我希望我们可以用你们的产品做些什么。"

"我很荣幸。我们也是刚接触这一领域——还有没有其他市执政官也喜欢创新，跟您志同道合？"

"当然有。"

"您特别推荐哪一位？"

"这样，我发邮件给你，介绍几个人。"

"非常感激。谢谢！"

这种方法总是很有效，我总是能得到新的引荐。我没有直接要求"推荐"，我只是请杰夫赞美他的同行。然后我就可以对他的这位同行说："杰夫认为您非常懂得创新……"

会议结束时，戴夫和我都很兴奋。我们让杰夫的态度由全盘的怀疑变为谨慎的赞同，他的秘书表现得也很积极，而且他还提出将我们推荐给周边的城市。我很高兴我胜利完成了一次演讲，一次 A 级演讲。很幸运，我没有陷入 B 级演讲的那种模式：说话太快；内容太专业；沉迷于要点；害怕房间里太安静；没有做个深呼吸。

后来我们又去里奇沃特开过一次会，随后还进行过电话会议，他们的反应都很积极，所以我们将此单的成交概率提高到了 90%（概率是我们预测收入的基础）。可最后的结果是，我们跟这个城市的合作并没有成真，六个月后他们跟我们的一个竞争对手签署了协议。竞争比我们想象得更激烈，对手们总是急切地打压我们的崛起。他们提供了类似的功能，咄咄逼人的报价，有时还采取不道德的手段（误导我们的客户，冒充潜在客户骗取商业信息）。但是在当时，我们没有时间处理身边的荆棘。[2] 我们以为里奇沃特的项目已经胜券在握，我们还必须飞去萨克拉门托给客户做培训。

>>

当你特别专注于一件事——比如推销——必定会忽视掉一些其他的东西。我们的业务有一部分存在一系列的漏洞，滴滴答答不停地漏水，这就像传说中的水刑，最终把我们逼疯了。当然，这些漏洞指的是软件本身的问题，毕竟我们是一家软件公司，所以这种问题很重要。当时我们雇用的仍然是最初给我们设计产品原型的孟加拉国程序员。当初他是成本最低的选择，当然现在也是。只不过现在成本不再是唯一要考虑的因素：我们需要一个可靠的系统，并且能够根据销售时收集的反馈进行调整。

每当我们的应用程序在演示中要掉链子的时候，戴夫和我就会立即救

2　后来我们采取行动了，我们公司的法律顾问给我们的一个主要竞争对手发送了一份措辞严厉的信，告诉他们我们 Comcate 相信恪守道德才是盈利之道，而他们违背此道令我们感到非常痛心。

助于我们的兼职技术专家埃德温·丹（Edwin Dann），他一直是我们顾问委员会的一员，现在还是。我们想把核心的工作转给当地的工程师，不再聘用拉塞尔。埃德温能够采取一些快速的急救措施，但他向我们提出了严厉的警告，我还记得当时我是在学校的午餐时间收到的他的警告信[3]："如今的产品已经不再是你卧室里的玩具，而是涉及一百多位用户的应用程序，拉塞尔只是在一个脆弱的基础上简单添加了代码，这样造出来的产品完全无法扩展，满是漏洞，说不定哪天就不堪重负崩溃了，过不了多久。"我感觉胃里揪起了个疙瘩。

一个星期后，我在课间接到了爸爸的电话。听起来不妙。果真是过不了多久。

>>

"情况怎么样？"我转移到有信号的地方然后问爸爸。他和戴夫刚刚结束了跟卡特安格市（Cortango）的会谈。

"嗯，不太好。"

通常即使会议非常一般，他也表现得很乐观。这下糟了。

"会议结束后 IT 人员留了下来，问是否可以亲身体验一下应用程序。戴夫让他操作了。他是以自己的账户登录的，可不知他点击了哪里他竟然能看到其他账户下的记录。"爸爸告诉我。

"可恶，"我低声说，"那么现在呢？"埃德温之前就警告过我们应该有充分的身份验证程序以避免这种情况发生。

"戴夫已经做了损害控制，但是我们最好的选择就是道歉，同时表示我

3　对我们的一个早期的客户，我承诺给他们提供高级别的技术支持，这意味着我必须在 4 小时内回复他们的问题，而对一个高一学生来说，我不得不占用大量的午餐时间收发邮件。

们会马上解决这一问题。埃德温正在这么做。"爸爸带着一丝失望说道。

"好的，不过这个城市还不是最让我担心的，我担心的是那个技术人员会把这件事告诉他的 IT 同行，那我们就完蛋了。"

"这个不好说。最好的办法就是我们跟紧卡特安格，告诉他们我们已经修复了漏洞，然后……尽量往好处想吧。"[4]

一周以后我接到了戴夫的电话，他告诉我有一个客户暗中跟我们通风报信，说卡特安格市的 IT 主管往整个加州的 IT 群里发了一封邮件，其中提到："几天前我们看过 Comcate 公司的产品演示，我发现他们的产品存在很基本的安全漏洞，对此我很失望。"你能想象我们现在面临的是加州的每一位 IT 主管都有可能看到这个消息吗？这俨然已经成为一个严重的危机：如果市政府的技术主管们把"安全漏洞"跟 Comcate 联系在一起，那么我们别想再卖出去东西了。

"我会跟埃德温一起修复那些漏洞。我们会采取一些防范措施确保数据的完整性。你觉得还有什么是我们可以做的？"戴夫说。

"我们为什么不能给这个群发邮件，回应卡特安格的 IT 主管，把情况解释清楚呢？"我说道。

"这个群里是不包含供应商的。相信我，如果可以的话，我早就做了。"

"也许我可以起草一封邮件，然后让我们的客户——贝尔比奇市——群发出去，你觉得怎么样？他们可以从认可我们工作的角度发这封信。只要不是太露骨，我想他们是会同意的。"

"没准儿这是个好主意。你写好邮件发给我，我转发给贝尔比奇。不得不处理这种事儿真让人不爽。要是我们不重建这破系统，估计这种事儿以后

4　我们后来确实修复了漏洞，并且重新设计了整个身份验证系统，同样的问题再也没有发生过。

还少不了。"

贝尔比奇的 IT 主管最终发出了一封认可我们工作的邮件。

那一周稍晚一些的时候，戴夫和我前往罗森市做产品推介。我们商量好要主动提及这起安全事件，因为我们估计该市的 IT 主管劳拉应该已经看到了那封群发的邮件。我们的策略是要赶在管理层抵达前就把问题提出来并平息掉。但是我们并没有说好具体由谁负责提出这个问题。所以在会议开始之前我们就跟劳拉闲聊。

"噢，是的，上个周末阿加西真火爆。"戴夫说。[5] 他发现这是一个可以跟这位 IT 主管闲聊的共同话题。"劳拉，我在高中和大学都打过网球比赛。你看如今这些球员，年龄都不小了却打得那么好，真让我惊讶。"

我不敢相信我们是说好要在领导进入会议室之前提出安全问题的，可戴夫一直在胡扯些没用的东西。不过，我很快就意识到直接的方法有它自己的危险。

"呃哼，嗯，劳拉。"我打断了他们的对话。这听起来很尴尬，戴夫也吃了一惊。"会议开始前我想问你件事。我们的一位联系人跟我们提到过 IT 群里关于我们产品安全的事……"

"是谁告诉你们的？"劳拉突然打断了我。

"嗯。"我停了下来。我已经搞砸了。怎么办，我难道要对她说谎？"我们在贝尔比奇的客户朱迪。"

"这违反了邮件群的规定，不过我很欣赏你们做出的解释。我知道你们已经修补了漏洞。那应该就没事了。"

第二天，戴夫告诉我，我们在贝尔比奇的客户因违反隐私规定被踢出了

5　阿加西，美国著名男子网球选手，在 21 年的网球生涯中获得 60 个冠军头衔，一度位居世界排名第一。

——译者注

邮件群。看来这种单刀直入的方法还是到此为止吧。

智囊团：人生就像是电话推销

杰夫·帕克（Jeff Parker）

1980 年，我开始做技术数据，当时总共筹集了 10 万美元创办了公司。公司成立第 45 天现金流就转为正数，6 年后以 2 400 万美元的价格售出。

我们成功的一个原因是我们的组织文化从一开始就专注于产品销售和市场营销。在你的组织中最为重要的就是一支优秀的销售和营销团队。收入产生现金，而现金是组织的生命线。组织中的每个人都很重要，但最重要的是你的销售人员。让销售文化贯穿组织的上上下下，让每一个人都对销售的事感兴趣。一家以销售为导向的公司富有动力，能够吸引优秀的人才，是一个令人兴奋的工作地点。

优秀的销售员有很多共同点：定位精准，重视执行策略，目标明确，深谙客户需求。

尽管大多数创业者都能认识到销售在生意中的重要性，但有些人没有意识到销售在人生的其他方面也同样重要。我经常告诉创业者们："人生就像是电话推销。"每天我们都要去说服一些人——也许是我们的配偶、老板或教授——支持我们的想法或计划，不论是意义重大的事还是微不足道的事。

本以及所有优秀商人所使用的销售技巧和经营理念对他们开拓自己的人生道路和掌控自己的命运发挥着至关重要的作用。你的生意和个人生活中会有各种各样的障碍。你会遇到许多怀疑者和反对者。你的工作就是说服他们支持你，或者就像一名优秀的销售员那样，不理会坏运气，重新振作，继续前进。如果你相信"人生就像是电话推销"这样的人生哲学，那么我想结果一定会带来惊喜。

My Start-up Life：
What a (Very) Young CEO
Learned on His Journey Through
Silicon Valley

　　杰夫·帕克，名誉退休理事，康奈尔大学（Cornell University）总顾问，康奈尔 2001 年"年度企业家"。他连续创办（独立创办或合作创办）过多家企业，为企业和金融市场组织和传递信息。

我是一名高二学生：
平衡工作、学习和生活

"许多人都问我：'为什么你就不能做个普通的少年，过过普通的日子呢？'"15岁的本·卡斯诺查这样说道。这是一月里多云的一个下午，本正在旧金山的一个可丽饼店吃午餐，他出生以来一直居住在这一片儿。他讲话真诚，吐字清晰，操着一口好听的男中音。大多数十几岁少年的表达往往会使用"嗯""好像"这类的字眼，但本的谈话间却很少出现这样的词汇。他的脸上已经退去了孩子气和婴儿肥，1米9多的大个儿，身强体壮。这样的身高让他在高二就当上了大名鼎鼎的美国高校附中篮球队的中锋。其实他今晚就有一场比赛，这会儿他已经是准备热身的打扮：时髦的运动长裤，配套的运动衫，高帮运动鞋，金色卷曲的头发上扣着的一顶棒球帽。虽然身材高大、外形英俊，但他身上透出的那种沉稳、周到让他有别于我们印象中固有的高中运动员的形象，而他的谦虚、不做作又让他有别于大多数年少轻狂的知识青年。"我不想做一个普通人，我想要成为一个不一样的人。"卡斯诺查说着，阳光的脸上皱起了眉头。"人们总是把重心放在课堂上，"他摇摇头抱怨着，"但这对我来说还远远不够。"

——《旧金山周刊》（San Francisco Weekly）

大部分勤奋的创业者都要一边奔忙于生意和创新的花花世界，一边兼顾着自己的个人生活。对我来说，创业中"工作与生活间的平衡"包括在学业上取得进步和融入一个被称为"高中社交生活"的怪诞世界，这就意味着我需要把 Comcate 这架马车的缰绳转交给新上任的首席运营官。我有一些年长的朋友，他们因为没能平衡好工作与生活的关系而失去了婚姻。不知何故，我原本以为自己不会受到这个问题的困扰。可没有料到，正是这种平衡的问题让整整一年的高二生活成为了我人生中最大的挑战。

>>

我起晚了，所以匆忙中抓起高一结束后就一直放在那里的背包，跳上车，开了 15 分钟到达大学附中校区，开始了我高中二年级的生活。前一天我跟比弗利山市的客户待了一整天，回家时天已经很晚了。那晚回程的西南航班异常颠簸，仿佛预示着我高二生活的混乱无序，因为我虽然身在校园的围墙内，但心却继续驰骋在电子政务市场竞争厮杀的战场上。

"希望你们都度过了一个轻松愉快的暑假。"校长在开学第一天的惯例式的演讲，我几乎没听进多少。我的脑子里充斥着汽笛、车灯、喇叭和手机铃声，把校长的大部分讲话都淹没了（虽然期间我脑中的交通状况也曾缓解过片刻——那是因为我的黑莓手机震动了起来，就像是嘈杂的主干道上突然有一辆救护车呼啸而过）。整个夏天，为了 Comcate，我一直处于全速行驶的状态，这会儿征状都显现了出来。我像丢了魂一样迷迷糊糊地穿过学校走廊，人们很可能会以为我磕了药。

　　跟几周未见的朋友们打过招呼，我打开塞在裤兜里的新学期课程表。第一节课是什么呢？《西方文明：艺术史》——一门综合了美术、音乐和历史的了不起的课程。哎呀，糟糕！我怎么还没买课本！

>>

　　高一的时候，我可以在课间打几通商务电话，每天收发 50 ～ 75 封电子邮件，每周在旧金山湾区做一次现场推介，每个月请几次"病假"去洛杉矶推销，一年到头都可以打篮球，可以读书消遣，每晚睡足 7 小时，学习成绩也还过得去。

　　但上了高二，这种日程表就失效了。我面对的是大学水平的课程，以前的那种平衡做法不幸地失败了。西方文明课的测试我一连得了好几个 C，这时我才警醒过来：如果想要成绩还过得去，我必须要认真地把注意力重新放回到学习上去。这不是一个梦，我告诉自己——在未来的九个月中，我要把一半醒着的时间都花在学校里。

头脑风暴：重新定义创业的生活方式

　　每周工作 70 ～ 80 个小时，吃饭时只有冷比萨饼和可乐，很多的咖啡，很少的睡眠，牺牲了家人、朋友和私人的时间，所有这些都是以生意的名义，听到这些你作何感想？硅谷创造出了许多重要的产品和公司，但同时它也毁掉了许多生命和婚姻。一个平衡又快乐的生活能够带来巨大的成功，虽然这需要你花一些时间去摸索，就像我在高二那年所经历的一样。

　　我认为做好以下三件小事将有助于你获得成功的、可持续的创业生活方式。

- **睡眠**。权威科学研究显示，我们每天晚上至少需要 7 ~ 8 小时的睡眠才能保证身体达到最佳状态。如果休息充足，我的一个小时会比你睡眠不足的三个小时更有效率。那些声称自己只需要三四个小时睡眠时间的人很可能从未尝试过连续几天睡足觉，所以感觉不出有什么不同。而我自己则亲身体验过休息充足与睡眠不足带给我自己的不同表现。相信我：在经过一晚充足的睡眠后，我可以在更短的时间内做更多的事情。

- **营养**。没有比饿着肚子去参会更糟糕的事情了，要是有的话，那就是省掉晚饭去赶飞机。要计划出吃饭的时间。出差时记得带上健康所需的能量棒。另外，经过多次证实，吃早餐对于保持一整天的最佳状态至关重要。千万不要省掉它！参加商务晚宴的时候也要注意。一边谈着工作，人们很容易吃多了肥腻的牛排和烤土豆，喝下一大瓶酒（或苏打水），因为你以为你赚到了。虽然你可能真的是赚到了，但你的腰围很快就会反映出由过多饕餮商务晚宴而带来的影响。在旅途中也不要改变你的饮食习惯——无论在何种情况下，努力坚持你的正常饮食。

- **锻炼**。我每天锻炼一个小时，每周锻炼六天。如果几天没有跑步或举重，我立刻就会感到情绪低落。许多生意不那么成功、人也不那么有趣的创业者们会工作很久时间，并且抱怨没有时间去健身房。但是我发现，那些商界最为成功的企业家们总是能腾出一个小时的时间。如果他们能为锻炼腾出时间，那么你也能。同样地，当你出差时，你也要想办法维持自己的锻炼计划。你可以预订一个配有健身房的宾馆，或是那些可以提供临时会员身份让你去当地设备齐全的健身房锻炼的宾馆，再或者你在市中心预订宾馆，这样你就可以在会议之前或之后好好散步或跑步。关键是提前计划，把锻炼当作你生活当中优先考虑的事情。

- 我开始意识到，我必须要重新定义自己的创业生活方式是在我于公司和学校之间最为挣扎的那段时间。有几个月我右眼眉毛下方的肌肉每个小时都会不自觉地抽动几次，这种痉挛是压力过大的一种常见征状。后来我开始做一些冥想练习，专心减压，肌肉抽动的症状就消失了。

不要等你的身体发出警告才开始行动。去重新调整自己，培养一些可持续的生活习惯吧。

人们最常问我的一个问题是你如何平衡工作与学习？我以前总是回答："两个方面我都可以兼顾。"可是当真实的答案离原来的回答越来越远时，这种脱节让人感觉很难受。

事情往往是这样，总是别人而不是自己把灯点亮，把你叫醒，让你看清自己的生活已经失去了平衡。（看出为什么顾问和导师是那么重要了吧？！）

\>\>

我们学校的教务长给我发了一封电子邮件，让我去他的办公室。我对我糟糕透顶的学习成绩实在是太不上心了，我竟然以为他又想跟我谈些教育理论和学术生活之类的闲话，之前我们两个在很多场合谈的都是这一类的话题。然而，这次我们没有闲聊什么理论，而是详细谈了一个现实：我的平均成绩已经让我"荣登"学校的"学业观察名单"了。

"本，你的功课最近还好吗？"教务长问道。他知道答案，把我叫到这里是有原因的！

"嗯，不太好。你看到我的成绩了吗？"我说道。

教务长有些惊讶。大多数处在这个位置上的学生很可能会很忧郁。可是我却表现得坦率、随意，不在意成绩好坏。

"为什么你的功课不太好？是因为你的网站吗？"

我借着这个话头向他解释了 Comcate 到底是做什么的——我几乎没有告诉过学校里的任何一位老师或管理人员。那些对我所做的事情只有一个模糊了解的人有时会把我的"项目"叫作网站。一个网站跟一家软件公司是不同的。当人们对某一具体职业不熟悉的时候，他们往往很难估计它的难度。比如，我不知道要花多少精力才能设计、实施和分析一个复杂的物理实验。我也不知道成为一名教师有多么困难。同样地，没有过经商经验的人不知道创立和经营一家公司有多难。我并不奢求教务长能跟我说 Comcate 这家公司是多么了不起，也没指望他夸赞我的工作。我只是想让他意识到我所做的这些努力并不只是一个少年做个网页设计那么简单，想让他承认作为外行想要完全欣赏一件他了解甚少的事物是很困难的。这种付出努力后想被认可的欲望，不论是以怎样微不足道的方式，都似乎是人类最基本的欲望之一（至少对我来说是这样）。

所以我给教务长讲了 Comcate 的故事：它是如何创建的，我的时间都用在了哪里，我所考虑的事情。我一口气说了十分钟。他点着头，时不时地回应"嗯""对"。我说完了，然后好一段时间内我们两都没有说话。

"哇哦，这真是不同寻常的故事，令我印象深刻。你已经付出了这么多。"

我微笑着，心中充满了希望。"但是，"我继续说，"我确实想要在学习上取得进步。我现在为了测验，为了所有的课程而努力地学习，但是我觉得我还是不能完全理解所有的内容。"这是真的——我真的在努力。

"我认为你很聪明，完全可以在测试中取得令人满意的成绩，但是你精力不集中。你也许在学习上花了时间，但你的心思却在别处。"

"嗯。"

"你知道，我们可以做些事情帮助学习上有困难的学生。除了辅导，我们还会测试学生是否有某些方面的学习障碍。如果你能测试一下的话，我倒想看看结果如何。如果数学一直是你头疼的科目，根据你的成绩来看的确如此，而且如果你正在为理科综合课的测试做准备，但却发现收获甚小，那么这类学习测试可以帮助你发现你在哪些时候处理信息的效果最好，哪些时候处理信息的效果最差。你也可能有某些不良的学习习惯，使你的学习受到影响。我认为这类测试会显示出你在某些方面具有很强的优势，但同时，我们也可以找出哪些是你学习过程中不足的地方。"

学习障碍？教务长继续说着。

"你考虑考虑。过些日子我们再聊。在此期间，我们会每两周通报一次你的情况。"

我疑惑地看着他。

"你的指导老师每两周会给你的父母打一次电话，跟他们通报一下你的学习成绩。你的任课老师会根据你的学习表现写一些简短的总结给你的指导老师，指导老师了解情况后再跟你的父母交流。不会很正式，也没什么需要担心的，我们这么做只是想让父母们了解他们孩子的学习状况。不让父母感到惊讶是我们的目的。"

"是的，我想我能理解。"

对此我并不兴奋。我不喜欢有人特别监督我在学校的活动。对我的父母来说，他们知道我在学习上遇到困难，但他们不会把我锁在房间里强制我学习。每当有成绩出来的时候，我基本上都会告诉他们。要是有哪次我没有告诉他们，并不是因为我想隐瞒，而只是因为我第一时间没想起来。他们希望我会做得更好。

>>

尽管学习更加努力，复习考试更加认真，但为什么我的学习成绩还是很差?

第一个原因与我的基础有关系，这是教务长和我总结出来的。对于那些严格缜密、一环扣一环的课程，课程已过去了一半才开始学习是不会成功的（其实学什么都是这个道理）。第二个原因与注意力有关：我的注意力经常会在千里之外。一旦我感觉学习的内容没意思了，我就开始想其他有意思的事情。有些时候，这种做法会带来一些好处（它让我可以敏感地感知世界）；但更多时候，它让我的注意力远离了手头上的任务。对于容易兴奋的创业者来说，注意力是一种难得的宝贵资产。

所有的谈话和理论说教都没能给最后的结果带来多少改变。高二结束时，我的数学和理科综合课的成绩都只得了 C-。理科综合课包括大学水平的生物课和化学课，我以平均分 C- 的成绩进入到了期末考试。我的期末考砸了，可最后仍得了一个 C- 的平均成绩，如果再低一点的话就要重修了。我把这个奇迹归功于我给理科综合课老师写的一封信，我用了这样一种专业的方式来请求她不要让我挂科。

>>

回顾那些我在学习中挣扎的日子，我在历史书中找到了慰藉。世界上有许多伟大的实干家——同样也是他们各自领域中杰出的思想家——在回忆他们的学校生活时，也会发现那是一段让他们胡思乱想、痛苦挣扎的日子。那些"天才"孩子也会在标准教室的种种限制中艰苦挣扎。有些人说我很有天赋，但我认为我的天赋与那些 2 岁就开始阅读的孩子们或认为天花板上的灰尘图形比历史课更有趣的学生们不同。我和每个人一样拥有自己的天赋——拥有某些天资、某些才能。每个人都拥有一些自己特有的天赋；只不过有一些天赋比其他一些天赋更易被察觉。一些人年轻的时候就发现了这些天赋，而一些人可能发现得晚些。重要的是要记住我们所有的人都拥有天赋，有一些天赋特别适合让我们在儿童期就表现超前（即学习和记忆信息的能力，然后通过大量练习成为神童），有一些天赋特别适合我们在成年后表现出来（即优质的行动力、勤奋努力、恒心毅力以及其他无形的因素）。

就我个人而言，我的天赋似乎更适合充满激烈竞争的现实世界而不是传统的学术世界，而且我也不是那些在两个领域都天赋异禀的少数幸运儿。

>>

逐步提高我的学习成绩意味着我不得不逐渐减少对 Comcate 的参与度。每一位公司创始人都知道，象征性地把公司的缰绳交给新上任的 CEO 与真正地交出去是不一样的。如果大部分的事情不需要你知情就可以决定，那么你就知道你实际上已经把公司的缰绳交了出去。让出公司控制权的这件事教给我一个宝贵的经验：如何像董事会成员那样而不是首席执行官在公司发挥作用。我会询问戴夫公司的最新进展，但是从来不会事无巨细，让自己变成一个讨厌鬼。我会挑战戴夫的想法，即便有时我都不同意自己的观点，因为如果我们两人的意见总是一致的话，那么我们些中肯定有一个人是多余的。由于他在该领域中的专业知识和他最近在公司的参与度远远超过我，所以在我们两人的争论中，他开始更多地获胜。总之，他仍然每周工作 40 个小时，但我投入的时间少了。我不再是公司工作最努力的那一个——这让我有些受伤。

我们在角色上的改变并没有阻碍我们继续争论。

"我们需要决定是否值得参加内华达州的展销会。"戴夫说。这是一个周六的早晨，我们定期讨论的时间。

"说说具体的？"

他细数了参会的费用，包括会议费、展位费、交通费、饭费，等等，各种费用加起来大概是 5 000 美元。

"倒是也还可以。"我说："不过我们确实得省着花。我觉得可以不去。"

"我觉得其实不贵。通过展会，我们可以见到西部大部分富有创新精神的市执政官们。"

"这倒是，"我回答，"我们之前参加其他类似规模的会议时，情况是怎么样的？"

头脑风暴：做一名职场运动员

我认为时间管理很重要，它可以让我们的每一天都富有收获、富有成效。但是，我关注的并不是如何在这儿节约一分钟，在那儿节约一分钟，我考虑的是一个不同的衡量标准：精力。吉姆·罗尔（Jim Loehr）和托尼·施瓦兹 (Tony Schwartz) 在《全情投入：高效能人士的精力管理手册》（*The Power of Full Engagement*）这本书中描述了一个

"职场运动员"系统，它给我的生活提供了指导。

- **目标**。在压力下发挥出最佳水平。培养自己在压力不断增加的情况下仍能维持高效能的能力。

- **核心结论**。精力是高效能生活的基础。一个人消耗和恢复精力的能力是一种重要的生活能力。每个想法、每种感受和每次行动都会消耗精力。精力是最重要的个人资源和组织资源。

托尼·施瓦兹和吉姆·罗尔发现，如果我们能聪明而有效地管理精力，那么就能进入一种他们称为全情投入的状态，在这种状态中，生活的各个方面可以得到平衡和优化。全情投入要求调动四种独立但又相互关联的精力资源——身体的、情绪的、心智的和精神的。我意识到我在身体和心智方面能够全情地投入，但在情绪和精神方面的投入却没有那么充分。就像举重运动员会逐步稳定地增加杠铃的重量，我们也要不断地突破自己的极限。对我来说，这意味着我要不断探索新的关系（情绪方面）和重新思考我在"精神上"的存在感……不可否认，我对这一点真的是很模糊。

运动员也有不参赛的休整期。定期的恢复时间——放松——是非常必要的，这能让我们以更好的状态专注于日常的生活。你可以休一周的假，或者每天计划一点放松的时间。

我是怎样管理和增加我的精力的呢？首先，我关注意识方面。我能意识到自己的精力水平在升降吗？我能把自己的效率归功于自己的精力水平吗？其次，我关注身体方面。我今天锻炼身体了吗？我今天的饮食健康吗？对我来说，身体是革命的本钱。再次，我认真地思考那些消耗精力的事情是否真的值得做。一个小时面对面的会谈要比写一个小时的电子邮件花费更多的精力。最后，我会做一些能让我恢复精力的活动，比如锻炼、冥想和阅读。

现在精力充沛的日子已经成为了常态。一旦我体内的那位职场运动员坐在长凳上没有上场，我会立刻感到效率下降、情绪低落。

"我们参加加利福尼亚执法会议（California Code Enforcement，CCE）时花了 4 500 美元，会上得到了 2 位新客户，收入高于成本。"

"但是我们很难说清楚这些客户到底是怎么获得的？是不是我们之前的电话推销和电子邮件已经让他们动心了，这次会议只是个提醒？还是说真的是这次会议才引起他们的关注？要想弄清客户的真正来源是很困难的。"我说。

"你说得没错，但是蒙泰拉这个客户我们在 CCE 会议前并没有联系过，但会议结束后 6 个月他们与我们签订了合同。"

"是的，但我们今年的目标是什么？我也同意蒙泰拉的合同证明了参加会议是一种好的投资，但我们不是也承认这种会议的推销模式在长期来看不具有很好的扩展性吗？难道我们真的要去全国做巡回展销，接连不断地参加小展会吗？"

我们又讨论了十多分钟，明确了当年的策略。我们最后没有去参加那个展销会，但是类似这样的健康有益的争辩成了我们的家常便饭。正如森林需要野火来维持自身系统的健康一样，小型创业公司同样也需要这样的争辩。

随着我在公司参与度的降低，我跟戴夫谈话的性质也发生了改变，尽管他们对我的要求还是像原来一样：专注、智慧以及对眼前话题不羁的热情。这些变化来得很自然。比起学校里的一些朋友和老师，跟戴夫聊天更简单，因为我们有共同的语言。

>>

我的高二生活异常繁忙，但公司和作业并不是我要考虑的全部。

像很多高中生一样，我也遭遇了一个魔头，它毁掉了许多女孩子的自尊，给男孩子们披上一层又一层玩世不恭的外衣，这个魔头就是高中社交生活。或者换一种说法，当你把一个大城市里荷尔蒙分泌过剩的少男少女们聚在一起时会发生什么。作为一种实验，这非常有意思。所以我一有机会就会扮演社会学家，置身事外，饶有趣味地观察。但最终我还是逃避不了这样的现实：在这样一个令人迷惑的盛宴中，我只不过是另外一块烤熟的胡萝卜。

为了成功地融入高中的社交生活，我不得不调整自己的习惯。我不能一直"做自己"。虽然我与同龄人友谊的建立要先于我对成人世界的参与，但成年人以及他们的生活方式却已经成为了我生活中的主导力量。在暑假还有高一学年创建 Comcate 的过程中，我在内心找到了一种跟我的成年朋友们一样的生活方式：认真理智地参与世界，同时又不把自己或自己的经历太当回事。然而，即便是在像我们学校这样人才济济、久负盛名的高中，这样的"我"也并不总是能够与学校里的同龄人建立牢固的关系。

我努力让自己去适应传统的高中社交场合，争取跟同学们建立更坚固的友谊——毕竟，我发现我的大部分同伴都既聪明又有趣。我天生就有一种更为传统的成年人的气质，而我的少年朋友们却跟我不一样，我如何才能在这之间取得平衡呢？

为了找到答案，我遵从了我在前面提到的关于如何寻找自己的激情的建议（见第 2 章）：探索未知的世界。我参加了几次高中别墅派对，派对上充斥着酒精和大麻，为了取悦我们的非洲裔朋友，白人男孩儿都是一身吹牛老爹（Sean John）的嘻哈扮相。[1] 追求女孩儿的时候一定要避开那些严肃的话题，这是我的亲身体会。我还参加过校园舞会，一开始，我们的愿望都是跳成 MTV 音乐录影带中的那样，可是跳着跳着就分崩离析，我们贫乏的舞技让每一个需要同步的动作看上去笨拙无比。虽然这多少有些令人沮丧，但这些经历对我也是一种启蒙。

>>

高中时我没有约会过任何人，我的大部分同学也没有。那种像微波炉快餐一样的一夜情成为了新的趋势。我的商业活动似乎并没有给我的生活增添什么浪漫；如果有的话，我认为它增加了我与他人的距离感（或者就像一位女性朋友说的那样——"本有一层让人难以看透的外壳"）。

与此相反，我用心打造着跟男孩子们的关系，但同时心里也非常清楚，在饮酒与吸毒这两个高中常见问题上自己是怎样的立场。我没有去否认这个让我感觉有些讨厌的充满着酒精和毒品的现实，而是设法把我们的友谊建立在新的基础之上。我的大部分密友都经常跟我一起打篮球，这种活动能让我们长时间地接触，分享彼此共同的爱好、心情还有积极乐观的世界观——甚至周末时还会有些"轻量级"的聚会。

虽然高一的时候我因为公司的事忙得不可开交，但到高二的时候我有了更多的时间，并且想把这些时间用来建立我跟学校同龄人之间的友谊。我没有完全成功。这或许是一件好事，既然——你可能已经猜到了——我发现高中社交生活在许多层面上已经"坏掉了"，正如印度心灵导师吉杜·克里希

1　Sean John，中文译作吹牛老爹，是说唱音乐"教父"肖恩·康布斯（Sean Combs）创立的男装品牌。就如肖恩·康布斯本人和他的歌曲风格一样，Sean John 男装洋溢浓重的 hip-hop 气息，是人们熟知的著名嘻哈服装品牌之一。
　　　　　　　　　　　　　　　　　　　　　　　　　　　　　　　　　　　——译者注

那穆提（Jiddu Krishnamurti）曾经说过的那样："健康的身体无法适应一个完全病态的社会。"这并不是指我没有收获美好的友谊——我收获了，而且友谊的给养让我苗壮成长。

我在青春期社交世界里的短暂逗留也让我知道了我的"个人生活"需求是什么。而这一点，以我的经验来看，是所有热衷工作的企业家类型的人都需要拥有的一个重要领悟：不要走极端一味地泡酒吧、会酒友，也不要走另外一个极端，非得过出入歌剧院的上流生活，而是要弄清楚到底是什么样的活动和什么样的人能让你放松休整，愉悦地生活。

>>

芝加哥大学社会学家欧文·戈夫曼（Erving Goffman）在其里程碑式的著作《日常生活中的自我呈现》（*The Presentation of Self in Everyday Life*）中用戏剧表演的比喻来说明：在日常的社交互动中，每个人都通过呈现精心设计的自己而试图控制他人对自己的印象，就如同一个演员向他的观众展现自己扮演的角色一样。我们根据不同的场景使用不同的"面具"；的确，我们在社会情景中的行为，戈夫曼认为，很大程度上取决于我们周围是什么样的人。

在高二那年，我试戴了不同的面具。在与成年人谈生意时用的面具似乎更接近于真实的自我。我会让自己的语言和外表看起来专业、礼貌和专注。在学校与同龄人相处时，如果我想参与其中，表现得友好合群，那么就要戴上另外一种面具。不需要职业化，不需要圆滑。不需要说"我很期待明天早晨能去接您"，而是要说"明儿一早我逮你去"。装出一副冷冰冰不屑一顾的样子往往能让你所向披靡。更换道具也不是个简单的事。在与同龄人相处的场景中，我也需要用到跟成年人打交道时用到的同类技能，只是运用的程度不同而已。如果分寸拿捏不好，你就会失败。你应该对老师和同伴们有礼貌，但如果表现得过于礼貌反而会遭到排斥，被看作是马屁精、软骨头。你应该风趣幽默会开玩笑，但还不能不讲分寸，让人反感。你应该有学术范儿，成绩全优，但还要平易近人、散漫不羁。你应该把女孩看作是平等的伙伴，而不是满足性欲的对象，但是当有美女从身边飘过时，你还是会在心里吹起口哨，证明自己还是喜欢异性的。如果周末参加酒会的话甚至还要准备另外一副面具，在那种场合，你应该变成一个喝了几杯就会变得疯狂放肆的人。

每个高中生都要趟过这些浑水，努力挣扎着去体会社交生活中的种种玄妙。但是大部分高中生从一开始就跳入了正确的海域，他们只需要弄清楚如何游向正确的方向。然而，对我来说，要想找到正确的海域都还需要花费大量的力气。当我跑出学校餐厅跟客户打了一通电话之后，如何才能让自己重新融入餐厅这个高度敏感的环境呢？开电话会议或任何商务会议的时候，公是公，私是私，两者不会混在一起。这是一种一维的互动，首要的目的是交换观点意见，而无关个人形象、社交计划或者约会的历史。

>>

我在这两种完全不同的现实之间频繁地切换是什么样的结果呢？我有一半的时间都在费力地戴着学校的面具。而当我把事情搞砸的时候，例如嘴里一不小心溜出了术语，被别人撞见打电话，没有控制住自己给大家分析了什么是周末享乐主义，还有我在课堂上偷偷用黑莓手机收邮件，每当这种时候，我学校里的朋友们只是装作没看见。他们从未问过我关于商务会议的事情。我喜欢这样，他们也喜欢这样。我很幸运，因为在我能够自如地平衡好各个维度之前，这种能让对方感觉我是他们其中一员的错觉对我们大家都好，无论是对我、对学校里的朋友，还是对商业上的同事伙伴。回头去看，我自己都不十分确定哪一个我才是真正的自己。

***

智囊团：生活与工作
克里斯·叶（Chris Yeh）

很长时间以来，企业家就是长时间工作和视野狭窄的代名词。记者们很欣喜地注意到，哪怕是再富有的企业家也会在他们的办公室中放着熬夜用的睡袋，如雅虎的戴夫·费罗（Dave Filo）；或者每天工作 14 个小时，如谷歌的梅丽莎·梅耶尔（Marissa Mayer）。然而，当这种工作狂的文化遭遇千禧一代对工作与生活平衡发展的期待时又会发生什么呢？

美国大都会人寿保险（MetLife）做过一次有关员工福利的调查，调查显示对于千禧一代来说，工作与生活的平衡已成为他们在择业时考虑的最重要的因素，超过了未来收入的增长空间和晋升空间这两个方面。如果平衡一份普通的事业与生活需要大大地消耗你的精力账户的话，那么平衡创业和生活则需要掏空这一账户，动用"二次抵押"，然后再从黑社会头子"胖东尼"（Fat Tony）手中借来 5 万美元的高利贷。那么你打算怎么做呢？

幸运的是，有一群人已经不得不面对这些问题了，那就是已经为人父母的人。而我们这些父母所采用的技巧也可能会帮助每一个人（当然，也包括本）去更好地平衡他们的工作和生活。以下几条就是可以帮助你平衡工作和生活的"奶爸绝招"。

- **同时处理多个任务**。不管是把你的电脑带进儿子的房间，让电脑键盘的敲击声做孩子的催眠曲，还是在墨西哥卡波（Cabo）的沙滩上接打商务电话，只要你心甘情愿地把工作融入生活或是把生活融入工作，你就能够兼顾两者，互不耽误。

- **划清界限**。如果同时处理多个任务的这个方法不适合你，你可以试试划分界限法。把每一天划分出工作时间和私人时间，并且视两者之间的界限为神圣不可侵犯。这种方法可以迫使你重点关注每类任务的优先事项，避免一边倒的情况发生。

- **发现意义**。在你的工作和爱好中寻找意义，而不是高尔夫或其他的消遣。如果你每天有 28 个小时的工作安排，那么就没有什么时间来做无聊的事情了。但这并不意味着你没有时间给自己充电。你的工作和私人生活应该能够给你带来足够的收获，让你不需要溜去高尔夫球场或酒吧寻找快乐。

My Start-up Life:
What a (Very) Young CEO
Learned on His Journey Through
Silicon Valley

> 克里斯·叶是一名创业家和作家。他还是一个 4 岁男孩和一个 2 岁女孩的父亲。除了创办多家公司，做创业顾问，养儿育女，他还写了一本有关平衡事业发展和父亲角色的书。

硅谷的圈子：
把自己打造成品牌

你是你自己人生的讲述者，你也能够创造属于自己的传奇。

——伊莎贝尔·阿连德（Isabel Allende）

自从我退居 Comcate 幕后，我就不再插手日常的业务细节，转而每周跟戴夫交流两次，讨论战略、营销和产品发展。对这样一个焕然一新的角色我泰然接受，何况 Comcate 在新员工的努力下正持续健康地成长。

有了更多的时间，我便更专心于学业。我还被任命为校篮球队的队长，这让我的篮球生涯达到了巅峰，并且让我在新的领域挑战自己的领导能力，这种挑战和会议室里的挑战是不同的。我为学校的报纸写报道，最后还做了校报编辑，这又让我体验了有别于篮球场和生意场上的新挑战，并让我受益匪浅。我意识到，虽然一心专注于创业能令人兴奋，但分散精力也可以同样（甚至更加）刺激。

>>

除了学校里的活动，我仍然广泛地参与着硅谷的生活。我约见各种背景的人，即便他们对地方政府的事一无所知。我去参加各种各样的活动，包括教育、科技、新闻等各个领域。

在我看来，我广泛参与当地社区的真正目的是创立并打造一种个人品牌。我开始高调地过我的生活。许多业内人士都知道我创立了 Comcate。但是我更想让大家了解我这个人而不只是我做了什么。我在硅谷的活动可以分为三类：社交、慈善和媒体。

社交

在旧金山的天使投资论坛（KeiretsuForum[1]）上，一位企业家正向天使投资人介绍着自己的幻灯片，这时我的朋友卡尔·约翰斯顿（Carl Johnston）靠近我低声说："给我一张你的名片。"

我给了他。卡尔在名片背面写了一个人的姓名和电话号码。

"给这个人打电话。"

"他是谁？"我低声问。

"他是个亿万富翁。你需要认识他，相信我。"

还有一次，我在上学前（早上 7 点半）参加了一场天使投资俱乐部的活动，这种活动仅限会员，天使投资人一起吃早饭，席间讨论并评估一些有潜力的创意项目。借助客人的身份我得以参加一些这样的会议，接触到许多正在寻求投资的创意。更重要的是，我可以跟会员们接触并熟悉起来，他们大都在 35 岁至 50 岁，不但富有，而且很有想法。不过，我走到这一步花了很长的时间。

这是因为我的"社交"活动——就是指努力认识新人，找出我们可以帮助彼此的路径，并与其长期保持联系——遵守了随机定律。也就是说，一开始我并没有把参加旧金山的天使投资论坛作为我的目标。事实是，之前有一天在学校，我正准备参加篮球训练，训练开始前我跟助理教练马克斯·夏皮罗（Max Shapiro）闲聊了几句，得知他参加了这个论坛。接下来的一周，他邀请我去马林县吃便饭，在饭桌上我又遇到了另外一个朋友蒂姆·泰勒（Tim Taylor），他也参加了天使论坛。后面两天我跟蒂姆聊了好几个小时。

1　KeiretsuForum，也常简称为 K4，中文译作"美国天使投资论坛"，是美国最大的一个天使投资网络。

——译者注

这些朋友替我美言了几句，我便得到了邀请去南湾参加天使论坛会议。在南湾会议上，我遇到了另一个朋友卡尔·韦斯科特（Carl Wescott）。几周以后，卡尔把我介绍给了他的朋友科林·威尔（Colin Wiel）。我跟科林一起喝咖啡并且一直保持着联系。几个月之后，科林邀请我前去参加旧金山的天使论坛会议，也就是我一开始提到的那个会议。七个月前我遇见了我的篮球教练，我们在练习开始前闲聊了两句，而七个月之后，我高兴地坐在旧金山的会场里，一边品着杏仁饼，一边观察着企业家们如何推销。

我为什么要花时间和精力去见不同的人呢？有两个原因。一是有趣，二是很重要。有趣是因为人们的生活是非常有意思的。我的一个朋友一开始的工作是爬电线杆，可现在经营着一家软件公司，他的故事让我非常着迷。还有一个朋友，她的父亲竟然鼓励她出卖自己的身体，但她没有听他的，她从东南亚移民到旧金山来追逐自己的创业梦想。还有很重要的一点就是关系会带来生意。我认识的大部分成功人士之所以能成功，不仅仅是因为他们比同行做得好，还因为他们比同行人脉广。

一旦建立关系，大多数创业者总是会留心帮助彼此。我尽可能经常地介绍自己——有时候一周好几次，如果我觉得两个人认识了能让彼此受益，我就会那么做。我留意着有趣的文章和活动，并转发给合适的人。在日常互动中，相互照应会大有裨益。

>>

作为一个处处需要学习的年轻人，我还通过这种介绍来寻求指导。我寻找导师和成功的成年人。我问他们问题。我请他们出去吃午饭。我给他们发文章征求他们的看法。我跟商业、外交、新闻和教育界的人交朋友，通过他们，我对这个世界有了更加深入的了解。

我在学习中的"巨大飞跃"感觉像是球员们在足球比赛的教练区卸下一桶巨大的佳得乐（Gatorade）冷饮。[2] 有时我心不在焉，整场比赛都在听耳机，这时就会有某个人，比如企业家克里斯·叶，不知从哪里冒出来，把一整桶冰冷的"常识"浇到我头上。我感到疼痛——寒冷坚硬的真理之冰顺着我赤裸的身体滑下来，就像是刚开始淋浴时温水还没有出来那会儿的感觉——但我瞬间便清醒了，大脑变得敏锐，我感激这样的唤醒。

头脑风暴：建立关系网入门指南

那些在学习如何建立关系网的年轻人最常问我的一个问题就是："某人为什么想认识我？我能给他什么？"这种顾虑是非常正常的——毕竟你不能给你想认识的某人发邮件直白地说："嗨，我想跟你谈谈。"要想建立关系你需要一个基础。如果你是一个准备开始建立关系网的年轻人，你应该遵循以下步骤。

1. **了解自己**。在了解别人之前，你必须先了解自己：你对什么感兴趣，你的优势和弱点是什么，你的好恶是什么，你现在做的事情和计划安排是什么。

2. **设定目标**。在这芸芸众生之中，你只能和有限的一些人相逢。你想认识什么样的人？为什么要认识他们？是为了一种长期的指导关系？一份新工作？一位新的挚友？还是为自己的公司寻找业内建议？明确的目标会改变你的策略。有一句话是这么说的："你必须要在用到关系之前就建立起关系网。"也就是说，你不能为了短期的需要

---

2 Gatorade，中文译作佳得乐，是一种运动饮料。——译者注

（比如暑期实习的机会）才开始建立关系网——那太迟了。你的社交目标应该是长期的。

3. **进行研究**。举个例子，如果你真想跟一位知名的政治记者建立关系，你能给他 / 她带去怎样的价值呢？你需要获取跟他 / 她有关的背景知识和经验。如果你想约见政治记者，你最好去阅读大量的政治新闻！

4. **发展平台**。你为校报写文章吗？你写博客吗？你组织俱乐部或讨论小组吗？你有一个可以传播思想的平台吗？如果有，这给了你一个初次接触的理由（"我想写一篇关于您的文章"）。这还可以增加你的可信度。如果你是一个年轻人，你已经拥有的平台便是通往并影响年轻人群体的窗口。成年人愿意跟年轻的领袖对话。因此，在跟长辈们建立关系时采用这种方法非常有效。

5. **想想食物链**。如果你刚起步就把触角伸向《新共和》（*New Republic*）的主编这明智吗？不，更明智的做法很可能是先接触一位级别低一些的作家或编辑，等彼此熟悉了之后再让他 / 她把你介绍给他 / 她的上级。你要现实一点。

6. **充满自信**。你会感到有些伤脑筋，佢还是应该鼓起勇气去接触那些很可能比你更聪明、更有经验的人。如果你相信自己是个有趣的人，并且也表现得很有趣，那么聪明的陌生人会想要认识你的。

7. **评估已有的人脉**。至少，你的关系网包括了你社会上的朋友、你的父母、你父母的朋友、你的老师，还有其他任何（不分老少）跟你有些联系的人。

8. **开始建网**。计划工作已经足够了，是时候开始了！从你现有的人脉开始，请其中的每一位为你引荐一位新朋友。然后去联系这些新人，先介绍自己，然后提出一些请求（一个电话号码、一次会见或一个反馈）。组织好自己的语言，不要因对方说"不"就轻易放弃了。把年轻当成自己的优势！

最后需要说明的是，打造并维持一个大型关系网是需要时间和精力的。就像任何投资，有时回报并不能立刻显现出来。世上没有捷径。这样做值得吗？要我说，学着去爱上它吧！

很多导师最初是我在生意当中结识的，但是现在我们能有那么深的交情却归功于后来我们在其他领域的共同追求。我总是在想，是不是我在宗教、哲学、神经科学、政治和文化等其他领域的阅读和兴趣帮助了我在商业世界的发展。[3] 通过我不断扩展的关系网我了解到，人们腻烦了老生常谈的寒暄，厌倦了现成老套的业务洽谈。他们想要智力上的刺激。他们想要非常规的对话。我和我的朋友们分享着一种永不满足的好奇心，分享现在正在发生的事情、我们认识的其他人，分享文章、新书和新公司。

>>

随着我在硅谷的活动范围越来越大，关系网越来越多地相互连通——当你的朋友们相互认识时，维护关系网所需的时间会少许多——我的演讲和组织的活动也越来越多了。我在斯坦福大学的"永远在线创新峰会"（Always-On Innovation Summit）上发言，在丘吉尔俱乐部领袖大会

---

3 2006 年 10 月 30 日的《财富》杂志（Fortune）刊出了一篇杨家林（Jia Lynn Yang）与杰里·尤西姆（Jerry Useem）合著的文章，该文章称多元的兴趣爱好能够让你在做每件事的时候都表现得更好。其中还提到："我们的技能越多元化，使用到的神经通路就更加多样化……去拥抱那些不相关的领域吧。"

（Churchill Club Conference on Leadership）上讲演。我参与世界事务理事会（World Affairs Council）的活动。我和其他人合作创办了硅谷秘密结社（Silicon Valley Junto），充满活力的创业者和风险投资家每个季度都会在这里聚会讨论。我还在久负盛名、商界高管云集的硅谷论坛（Silicon Forum）午餐会上主持过一次关于小额信贷和慈善事业的讨论。虽然这些活动并不能像我一年前做销售那样给 Comcate 带来直接的好处，但是我觉得这种在商业和生活中更为广泛的接触能够帮助我在战略层面上思考 Comcate，在公司需要资金时可以提供人脉支持。当然，就算跟 Comcate 没有关系，他们也都是些非常值得去认识的人。

头脑风暴：建立关系网进阶指南

杰出的企业家和投资人卡尔·韦斯科特曾对我说："你的关系网就是你的经济圈。"一旦你建立起一个关系网络，你的挑战也开始了。

拥有强大关系网络的人应该关注些什么？如何从"入门社交人"成长为"超级社交家"？

- **真实性**。你喜欢结识新朋友吗？你发现人们生活的乐趣了吗？你在社交互动中寻找到快乐了吗？如果你想把你的关系网升华至一个新的水平，你需要真正享受建立关系这件事。这不仅仅是为了结果，你必须要享受整个过程。

- **"你知道什么"很重要**。人们常说"你知道些什么不重要，你认识谁才重要"，这话在某种程度上是正确的。但是，正像美国网络追踪公司 Rapleaf 的 CEO 奥伦·霍夫曼（Auren Hoffman）曾经对我说的：你知道什么同样重要。超级社交达人是别人眼中的"专家"。比如，我知道一些商业上的事，也了解教育领域和年轻人。我虽然不是这其中任何一个领域的专家，但是对我生意上的朋友来说，我就是他们在年轻人问题上的专家，而对我学校里的朋友们来说，我就是他们在商业问题上的专家。对多元的话题都有所了解可以产生一种强大的"专家效应"，让你在你的社交网中变得不可或缺。如果你对一个非商业的话题感兴趣，那就深入研究一番，然后再把这些知识传递给你生意上的伙伴。之后很有可能你会变成他们在这个问题上的专家。

- **弱联系 Vs 强联系**。人们常常会纠结到底是多建立些不大紧密的关系好还是集中打造几个紧密的关系好。弱联系通常是指那种仅限于邮件往来的联系，或者你和对方见过一两次但没什么真正的往来或原因能让你们经常对话。而"强联系"是指你可以把这个联系人推荐给其他人。如果你不够了解某位联系人，从而不能将其推荐给别人，那么他/她还是属于你的弱联系。这两种类型的关系你都需要。维护弱联系需要的时间相对较少，并且还能在你意想不到的时刻为你提供帮助。

- **维护**。超级社交达人特别擅长保持联系。这里有三个小窍门。

建立一个电子邮件时事通讯，与联系人保持联系。我把我的时事通讯命名为"卡斯诺查节拍"（*The Casnocha Beat*），每月发送一次。

通过邮局的网站（或其他类似的服务）给联系人发送纸质明信片，每季度一次。明信片上可以简单写一些你自己的近况，有一次我是这样写的："哇，夏天已经到来，生意、阅读、深入思考以及改变世界的时间也到了"。

每个月都尝试几次把圈里的朋友介绍给彼此。每周都尝试发送一些相关的文章给可能感兴趣的朋友。这种联系有助于加强联系。

头脑风暴：让初次接触充满温度

每个星期都会有陌生人联系我，请我做些事情（阅读某些材料并给予反馈，在电话中交谈或见面喝咖啡）。这第一次联系就是他们与我之间的初次接触，虽说都是初次，但效果却千差万别，有着惊人的悬殊。其实借助互联网，我们可以找到丰富的材料来让每一次初次接触变得更有意义。

所以，如果某人只是随意地说："嗨，本，我读了你的博客，这周想和你在电话中聊聊。"对这种请求我很少同意过。相反，我非常喜欢跟那些提供了更多有趣内容的人交谈。比如，有人说："嘿，本，我一直在读你的博客。我非常赞同你在宗教和自我完善方面的看法，不过在 × 方面我有不同的意见，而且很想有机会和你聊聊。这里有一些我的个人资料，另外我们两个都认识 ×××。"

我现在仍然会写一些毛遂自荐的邮件给那些我想认识的人，每一次我总会努力表现出我已经查阅过有关他们的资料，并指出确实存在某些理由让我们有必要谈谈。它们也许是共同的兴趣、共同的朋友、共同的职业发展道路、共同的阅读清单，无论什么都可以。

以下节选自我第一次给本书序言作者马克·贝尼奥夫所写的邮件。

我联系您是希望我们私下里能一起吃个午饭，原因是我意识到我们有那么多的共同之处。

- 我读到您在 16 岁时创办了公司 Liberty Software；我现在 15 岁，在美国大学附属中学上高二，我 14 岁时创办了 Comcate 公司。
- 您多次被新闻媒体报道过，多次荣获"企业家奖"和提名；Comcate 也在数百条新闻报道中出现过，而我最近很荣幸在法国被列入"改变互联网和政治世界的 25 人"。

- 您在夏季的"永远在线大会"（Always-On Conference）上发表过演讲；我在"永远在线大会"的数字音乐小组内发言。
- 您有 SalesForce.com 基金会；我有 Comcate 青少年创业基金会（Comcate Foundation for Teen Entrepreneurship）。我们都对慈善感兴趣。
- Comcate 使用的是 SalesForce.com 团队版。我有一些反馈给您。
- 您是一位成功的企业家，您也会有一些反馈和建议给我。

我努力表现出我已经做了功课。事实证明，我的努力见效了。

我们没有借口不让第一次接触内容丰富又充满意义。借助博客和百度，我们可以让每一次初次接触都能够有温度。

慈善

即便是企业家们只想赚钱，他们那些被利润驱使的活动也会给世界带来巨大的好处。幸运的是，大多数企业家都没有只图金钱利益。尽管外界的人们似乎认定资本家贪婪、无情，但硅谷（以及其他企业圈）同样推崇着一种纯粹慈善的文化。也许报纸的头条尽是产品发布会、新股首发公告、第二代互联网（Web 2.0）会议，但在硅谷也四处可见《改变世界的事业》（*The Business of Changing the World*）这类著作，有关公益创业的会议，讨论第三世界贫困问题的邮件组。

我努力想参与到这一事业中去。我没有钱做出大的贡献，所以我贡献出自己的智力去解决那些我关心的问题。一开始，我参与的是跟我自己相关的——创业。

有一次我受邀去一个年轻人创业营做演讲。在活动结束时，我坐到一个小组中给学生们评估商业计划，学生的家长们也在场。后来有一个家长走近我说："你对我的儿子是一个巨大的鼓励。""谢谢。"我说。但是她又补充道："你改变了他的生活。"这句话震撼了我，以前从来没有人对我这样说过。有人说，要想改变世界你只需要改变个人的生活。我只是冲那位母亲笑了笑，担心一开口说话就会破坏这种激荡在我全身的幸福感。做些慈善的事会带给你美好的感觉。

我为什么会如此感动？如果年轻人被赋予了创业者的世界观，那么，我们的未来必定会更具有创造力，更具有革命性，也更加自由。我信奉要活在当下，同时也一直对未来充满乐观。换句话说，这世界有很多问题，如果有更多的人能够以创业的方式来参与慈善事业，我们便会有更好的机会来解决这些问题。六年级的时候上电脑维修课，很幸运，我的老师能告诉我："本，如果你继续努力，取得好成绩，你便能获得改变世界所需要的技能。通过教育，一个人能够做出巨大的科技突破，遏制世界饥饿和滥用童工的现象，阻止核武器扩散，获得给世界带来巨变的力量。如果你不去改变世界，那么谁去呢？"我想把同样的激励和启发传递给尽可能多的人。

>>

在我们帮助对方摆脱困境的同时也能让自己感觉美好。所以我强烈建议大家尽自己的能力参与到慈善事业中去。

头脑风暴：创建并打造你的个人品牌

就像公司一样，你现在正经营着一个品牌，这个品牌就是你自己。我们每一个人都是"我"这个品牌的 CEO，问题在于你是否能够把自己的品牌打造得真实又强大。

你的个人品牌包括以下几个方面。

- **你的名字**。"卡斯诺查"是一个与众不同的姓,"拉米特"(Ramit)是一个有特色的名字(但"本"就没什么特点了)。如果你拥有的是约翰·史密斯(John Smith)这种常见的名字,那就想一个绰号让自己与众不同。

- **你的外表**。我们通常会记住某个人的某个身体特征。对我来说,这个特征通常是我的身高。对于你,它可能是你浑厚的声音,你的发型,你的令人心动的眼睛,或者你选择的衣服。

- **你的工作**。这是回应"你是做什么的?"这类问题的答案。

- **你的从属关系**。这包括你上的学校,参与的组织,你支持的慈善机构。

- **你的关系网**。朋友和熟人。

- **你的网上身份**。如果有人上网搜索你的名字他们会发现什么?搜索出的第一个结果应该是你自己拥有的东西,比如你的个人网站或博客。你还应该有一个由你的名字构成的电子邮件地址(比如我的就是 ben@casnocha.com)。

认真对待自己的个人品牌为什么很重要呢?首先,我们往往过多地让自己的身份依附于我们老板的身份,在别人眼中你往往只是一个朝九晚五的人,你难道不希望别人能了解那个精彩多样的你吗?第二,难道你不想让人们在见到你的时候带着你自己定义的而且对自己有益的印象吗?当我遇到一些人时,我不想让他们记得我所念的高中的名字,我希望他们记住我是销售电子政务产品的,而且有自己的博客。

你的个人品牌必须——必须——要有自己的特色。几个月之前,我参加了一次商业早餐会，来参会的大概有35位杰出创业者和天使投资人。会议伊始，我们的任务就是在会议室里自由走动，做简单的自我介绍。为了活跃气氛，早餐会的主持人要求我们必须说出自己的名字和爱好。我不能相信有那么多人说他们热爱红酒和家人！这真是错失良机。你热爱红酒和家人没有错，但如果其他人都这么说，那么你就该说点不一样的。突然，有一位秃顶的绅士拿过麦克风说道："嗨，我是大卫·扎克（David Zack），一位创业强迫症和投资强迫症患者。我是一个热爱伟大事业的普通人，我想创造有影响力的东西。"哇，我想跟他聊聊！在会议上做自我介绍是打造个人品牌的好时机。这不是说要瞎编乱造、卖弄炫耀；这只是要你用一种新鲜、有趣、令人难忘的方式清晰明确地说出你是谁。

有一次我要在一个大型会议上做一分钟的自我介绍，为了这一分钟，我和我的朋友蒂姆花了两个小时讨论琢磨。我们分析了我想传递什么，会场的情况，其他人的需要，等等。我和蒂姆都清楚这一分钟将是很多人第一次跟"我"这个品牌互动，而这种第一印象会永远留在他们的脑海里。

所以，你要为你的个人品牌投资。那么，如何才能增加你个人品牌的"市场价值"呢？每天你都在建设自己的品牌，而且永无止境。你见（或不见）的人、写（或不写）的文章、开（或不开）的博客、参加（或不参加的）的会议、写（或不写）的书、读（或不读）的书、在争论中你选取（或不选取）的立场，每一项都会作用于你的品牌形象。亮出自己，传播自己的想法，采取行动，问独特的问题，参与社区，参与小组讨论，实实在在地存在于当下。你要在网上拥有自己的身份。你要喜爱真正的自己，并通过接触你周围的人让世界了解你。

花点时间思考一下自己的立场，市场对此的感知是什么样的，以及市场的感知应该是什么样的。然后走出去，行动起来！让世界看到你！

媒体

如果你愿意，媒体可以成为你的事业上最重要的朋友之一。

当记者刚开始报道 Comcate 的时候，故事的焦点一般是我而不是公司，但还是引起了人们对公司的关注并带来了业务。戴夫总是在担心（也许有点过虑）"孩子的因素"会不会对公司的可信度产生副作用。如果一篇新闻报道只关注我，那么读者可能会感觉 Comcate 只是一个孩子搞的公司，还不是一个有员工、有客户的合法企业。这种不安和试图寻找平衡的努力渗透到我每一次的媒体采访中，而且我的年龄对公司的长期战略目标的影响到底是正面的还是负面的，这一争论在我们内部从未停止过。

有一个问题是值得年轻的创业者们认真考虑的，那就是在新闻报道中这种"孩子的因素"能怎样帮助你和公司，又在哪些方面可能会对你和公司产生不利的影响。对所有的创业者来说，认真构思一个新奇的故事来赢取免费的报道是非常值得的。

>>

一天下午，我收到了一位年轻记者发来的电子邮件，他来自当地的一家媒体《旧金山周刊》(*San Francisco Weekly*)。我想我也就是跟他喝杯咖啡，然后他帮我做个广告，也不会有什么了。我没有料到在接下来的一个月里，他花了好几个小时的时间采访我——他和我在我们学校一边散步一边聊，在学校的自助餐厅里坐着聊，在安静的会议室里集中询问我一些问题。还有几次是在咖啡店里，他让我对着他的录音机随意聊。他还采访了戴夫·里奇蒙和爸爸。另外，他还给我的客户、顾问和分析师打了电话。

我所学到的是，在这种深度人物采访中，你不可能只说些冠冕堂皇的话，你最好能接地气，尽可能地真实坦诚。记者会欣赏这种态度，而如果作者喜欢你的话，文章所表达的语气也会对你更有利。没有人喜欢被绕来绕去。我只是努力地去呈现"一个真实的本"。

在之后某个周三的早上，我发现旧金山几乎每隔一个街角的报刊架上都会出现自己的脸。那是一篇 4 000 字的关于 Comcate 和我的报道。从这篇报道的读者中涌来许多电子邮件，其中一些邮件还为公司业务的发展提供了有用的线索。还有一些说："见鬼去吧，孩子，别那么无聊！"在学校里，之前秘密进行的活动被揭去了面纱。两年来我没有向任何人透露过我的工作细节。现在，任何人都可以知道，而且大多数人也已经知道了。故事被刊出的那天，当我在学校餐厅吃自带的午饭时，餐厅里的大部分学生——其中有一些我从来没跟他们说过话——都在读这篇文章。大多数人都很热心，为我感到兴奋。我知道在看到别人受到表扬时，人们是多么容易心生妒忌而不是真心感到高兴，所以我的朋友们能有这样的反应让我深感尊敬。

《旧金山周刊》的文章的确拿走了一件我喜欢的隐身罩衣，不过也让吃惊的老师们对我这个成绩为 C 的学生有了全新的认识。有一个人文学科的老师读了这篇文章，然后对我说："本，有两件事我要告诉你。首先，文章很不错。其次，千万别让别人知道我就是那个给本·卡斯诺查 C 的高中老师。"

>>

美国有线电视新闻网（Cable News Network，CNN）打来电话。他们想让我上晨间节目《多兰脱口秀》(*Dolans Unscripted*)。[4] 我告诉他们也许可以去，但我得先跟我的科学老师泰德商量一下。不是开玩笑，我确实需要跟某个人商量一下才能答应。因为制片人想让我上节目的同一天早上，我有一个非常重要的科学测试。幸运的是，泰德允许我晚到几分钟（我搞不清她是恼火还是开心）。

在一个冷飕飕的周四清晨 6 点，我来到了 CNN 在旧金山的分部。我被引导进了一个房间，在这里，我将接受身在纽约的肯恩和达莉亚的采访。我想象中的演播室应该是漂亮精致的，配备着各种各样的摄像机和灯光。可眼前的现实却不是这样——这只是个拥挤狭小的房间，只有两台摄像机，墙壁还脏脏的。当然，我座位后面的这面墙是最重要的，上面画着绚丽的天空以及天空下的旧金山。我坐到椅子上，看上去就像我正坐在一个宽大的玻璃窗前，俯瞰着旧金山的市中心。我在位置上坐好，等待进一步的指示。技术人员为我安装好耳机，调整了座椅的高度，检查了我的隐形麦克。然后他说："祝你好运！"接着就离开了房间。我有点懵，原地不动坐了几分钟，盯着右前方正直播着多兰节目的电视屏幕。他们刚刚开始。突然，我听到我的耳机里响起一个声音。

"嗨，本，我是吉姆。我是 CNN 纽约演播室负责你这部分的技术制片人。你能听清楚我讲话吗？"

"是的，我能听清楚。"

"很好。听着，我控制着你面前的摄像机、你的麦克风，还有你的耳机音量。现在我要做一系列测试以确保你已经准备就绪。你的部分大概要在 13 分钟之后开始直播。"

4　访问 www.mystartuplife.com，观看此次采访。

我对这位制片人肃然起敬，他竟然可以在遥远的纽约控制着我这边的摄像机和灯光。房间里又安静了一会儿，然后我把注意力重新又放回电视上。多兰正在采访一位研究总统表达艺术的专家，他正在比较约翰·克里和乔治·布什。这时我耳机里响起另外一个声音。

"嗨，本，我是斯蒂芬妮，片段制片人。你感觉怎么样？准备好了吗？"

"准备好了。再次感谢你们邀请我上节目。"

"当然啦。一定要深呼吸，放松，慢慢说，同时眼睛直视你面前的摄像机镜头。我已经跟肯和达莉亚介绍过，他们很期待跟你交流。玩得开心点！"

更为紧张的几分钟过后，我房间里的电视屏幕黑了。肯定是技术人员关掉了以免我分心。电视上的声音比录制时的声音有轻微的延迟。

"本，我是吉姆。你要开始了，10，9，……5，4，3，2，1……"

然后，我听到节目的主题音乐在我的耳机中响起，我知道我的麦克已经接通到了节目当中。我听到肯和达莉亚对这一部分做了介绍，然后他们问了我第一个问题。我盯着摄像机的镜头，把它想象成一张脸，然后微笑……几分钟之后，一切便结束了！

>>

每次在媒体上露面后，我都会收到很多陌生人发来的电子邮件。大多数都是非常友好的，但有些则不友好。还有一些我都不确定该怎么分类。举个例子，有一次，我收到一位年轻女士的语音邮件，她在看了我的电视采访后竟然提出要跟我发生亲密行为。那天我在去健身房的公交车上跟一位即将毕业的学姐聊到这件事，不料当晚她便打来电话问我这个高二学生能不能陪她参加毕业舞会。（要知道这种场合什么都有可能发生！）

面对媒体邀请，懂得什么时候说"不"是很重要的。某些媒体的曝光的确可能会成为负面宣传。有一次，音乐电台（MTV）打电话邀请我参加一个有关年轻人迷你纪录片的节目，名为《真实生活》（*True Life*）。我们讨论了这个节目的主题还有其他录制对象的简历，我觉得我不适合参加这个节目。后来证明这是一个明智的决定——当几个月后节目播出时，人们会发现，这个节目中的主人公们都是些离奇怪诞的人，而我不想跟这样的人相提并论。

当你选择了媒体，你便同时放弃了隐私，虽然对我来说，比起丧失点隐私，媒体宣传总是更为重要。但是媒体宣传并非没有代价。我还是会收到攻击性的邮件。所以请慎重权衡利弊，然后再开始你的媒体计划。

>>

通过积极参与硅谷的生活，我认识到很多人都渴望与众不同的东西。要想在一个社区中赢得尊重，你必须得为这个社区带来价值，而与众不同便是一种很好的价值。光聪明是不够的。对我来说，我努力去提供不同的想法，获取不同的经验，学习不同的领域，请教不同类型的人。通过这种种的努力，我让自己成为了一种纽带，把不同的思想联系在一起，把不同的人联系在一起，我觉得我能够以这种方式为那些比我智慧许多的社区做出自己的贡献。

Chapter

13

产品开发：
价格低、品质好还是速度快

沟通的问题在于你往往会误以为沟通已经完成了。

——萧伯纳（George Bernard Shaw）

"他要做什么？他要辞职？"在篮球的撞击声中我惊讶地问道。

我不敢相信这是真的。顾问怎么会主动辞职呢？戴夫刚告诉我，我们的兼职首席技术官埃德温·丹宣布他要彻底离开 Comcate。我当时坐在旧金山基督教青年会（YMCA）外面的长凳上。放学后，我和朋友们一起去体育馆，我让他们先进去，我随后就来。两个小时过去了，他们大汗淋漓地走出体育场，而我还坐在长凳上打电话，也浑身是汗——从每个毛孔渗出来的怀疑和紧张的冷汗。

就这样，我们开始日夜不停地忙碌起来：努力保住我们的程序员们，努力让我们的产品开发重回正轨。在接下来的几周内，我们面临的挑战揭示了有关沟通、预期和取舍的经验教训，而这些经验教训适用于所有需要平衡团队成员间不同工作风格的公司。

>>

对于一个不断成长、客户数量不断增加的软件公司来说，软件本身必须要具备良好的可扩展性，能够为不断增加的用户提供服务。需要随着产品用途的增加而改变。就像一栋全木质地基的房子会在地震中倒塌一样，一个基础不牢、粗制滥造的产品也只能维持那么一阵子。程序员一再担心软件的架构会遭遇长期的风险，然而企业家或者说房子的主人，却一直想要在上面添加新的东西。在 Comcate，我们仍然使用拉塞尔开发的 .05 版产品原型作为服务客户群的主系统。虽然对使用测试版软件的客户来说这已经够了，但如果是五个或十个政府机构同时使用的话，这样的产品就有些吃力了。

就像企业中其他众多的挑战一样，这次挑战的出现并非是技术层面上的——我们的产品并没有像我们担心的那样崩溃掉——而是人的感觉上的。说到底，还是人的问题。参与产品开发的人感觉他们被疏远了。由我们的首席技术官埃德温·丹领导的技术人员们认为销售人员（戴夫和我）没有领会技术的本质。他们认为我们在产品功能和开发成本方面提出了太多不切实际的要求。而销售人员则认为工程师们不能准确估计产品开发需要的时间和成本（技术人员的回答"什么时候做完就算什么时候完成"总是会不可避免地激怒那些需要坚守预算的经理们）。这些人际关系上的紧张最终导致埃德温向戴夫提出："我要退出。"

>>

"他都说了些什么？他辞职的根本原因是什么？"我在基督教青年会外面问戴夫，有些恼火他之前从来都没有提到过埃德温的不满。

"他说我们的软件开发过程支离破碎。还说我和他在很多事情上都看不对眼。他说我们的每一个新版本都牵涉了太多不同的人，但没有一个人对产品的总体构想和功能承担责任。他厌倦了朝令夕改的决策，他厌倦了保守的产品开发。他还提到一个重要的方面就是我们至今还没有决心放弃孟加拉程序员的版本。他提到，我们需要下定决心开发一个稳定的产品，简单说就是拿出勇气，重建产品，并以此为傲。不要没完没了地在拉塞尔的版本上打补丁。"

他说得都在理。我们的产品开发过程进行得毫无计划，跨越了三个时区和五名不同的程序员，其中没有一个人对开发工作负有全责。

"他说的原因听起来很有道理，"我跟戴夫说，"我的意思是，似乎今年圣诞节的惨败已经预示着这所有的一切了。"

"是啊，确实。"戴夫闷闷不乐地说道。

2003 年的平安夜见证了我们的软件开发跌入谷底的黑暗事实。那一晚，我和戴夫没有在槲寄生下品酌蛋酒[1]，而是给我们在上海的工程师们发邮件和即时信息，疯狂地跟他们描述我们需要怎样升级产品。我们必须得把客户的综合要求转化成具体的技术参数——我指的是非常具体的细节，因为当你跟那些要价不高但远在大洋彼岸的工程师打交道时，就必须要这样做（技术类创业公司请注意：如果公司的创始团队里没有编程人员，那么你很难找到服务优质又价格实惠的工程师）。

"但是戴夫，虽然这些原因看起来很合理，但他为什么要离开呢？我们不应该好好商量商量，然后再一起去解决这些问题吗？我认为这些问题是可以解决的。埃德温走了之后，我们很难应对海外的那些程序员，我们很快就会招架不住。"

戴夫不知道怎么回答我的问题。埃德温与他的关系已经碰壁，我突然意识到，就算我们把软件开发外包出去也会有很多问题，开发的过程也会存在很多纰漏，但事情发展到如此地步的真正原因还是戴夫与埃德温的个人关系破裂了。

>>

我与顾问委员会就下一步行动进行了会谈，制定了相应的策略。对于埃德温想要退出的决定，戴夫提出了其他的 IT 人选。但是我强烈地感觉到我

1　槲寄生：一种灌木植物，常用于圣诞装饰品。蛋酒：圣诞节最具代表性的饮品之一，通常由鸡蛋、牛奶和朗姆酒调制而成。——译者注

们即使花大价钱也得把埃德温留住：原因之一，虽然不情愿，但我还是同意埃德温的观点——我们需要让他（或某人）全权负责产品开发；原因之二，他对我们的产品已经非常了解，而任何一位新上任的首席技术官都要花上几个月的时间才能达到这种程度。我们有太多的编程需要了，我们根本没有时间来让新人熟悉情况。戴夫接受了这个观点，于是我们开始一起想办法要把受挫的埃德温再拉回来。

首先，我们专心修复关系。Comcate-埃德温-海外程序员这种关系已经瓦解。我们质疑彼此的动机，怀疑工作时的效率，如果有任务没有按时完成，我们会相互指责对方。父亲和我约见了埃德温（我们住的地方只相距一个小时的路程，但我们之前见面却极少），告诉他我们非常感激他的工作。我们还告诉他他对公司的成功有多么重要，虽然他打算辞职，但我们下定决心要让他留下来（虽然埃德温认为这是个决定，但我们称其为"打算"）。

其次，我们正视问题的根源。当事情不那么容易做成时，沮丧的情绪就会紧随其后。当事情令人沮丧时，沟通故障就会马上接着发生。沟通发生故障时，麻烦就大了。沟通故障是不可避免的吗？无论是哪个行业，无论是什么背景，我认为这种所谓的沟通故障跟"预期管理不善"有着根本的联系，即人们没有达成共识。一个人认为某事应该在某天前完成，但实际上做这件事情的人心里想的却是另外一个截止日期。业务主管给某一项目预留了一定数额的预算，而工程师们却花超了预算。

补救沟通故障的第一步就是让所有人的预期都一致，这意味着要把所有的预期都明确在书面上。埃德温也认为是沟通障碍和预期分歧毁掉了产品，也毁掉了人际关系。在这次会面中，我们双方都同意把统一大家的预期作为一项中心工作来做，并保证进行清晰的、经常的、面对面的交流。

再次，我们做出让步，但同时提出新的要求。我们承认我们对这种廉价的外包产品开发的判断有误。我们决定赋予埃德温及其当地的团队 100% 的产品开发的控制权和责任（这意味着要大幅增加技术方面的预算）。作为这些让步的交换，我们要求埃德温全力全情地投入我们的项目中，负责管理我们所有的海外合作方，领导我们的产品管理工作（包括市场需求文件等），并且在战略层面上参加管理团队的会议。

通过以上三管齐下的方法——尊重和修复关系，直面残酷的现实，先退一步然后提出新的条件——我们把埃德温及其团队作为 Comcate 的全职技术团队留住了。

>>

许多人都问我们，作为一个软件公司是如何进行软件开发的。软件开发难道不是公司的核心竞争力吗？事实上并不是那么简单。在创业初期，与其苦苦开发完美的产品，还不如先推出及时够用的产品，然后集中精力去销售。我认为这一经验适用于许多产品。比起让产品睡在工厂或实验室等待研发人员的奇思妙想，及时把产品投入市场接受枪林弹雨的实战检验要好得多。所以我们一直没有把产品开发作为我们的头等大事，直到开发过程崩溃……虽然我希望我们当时能忽略沉没成本，重建产品，但我更希望我们当时能更好地管理我们跟工程师的关系。因为毕竟当时的现金资源非常紧张，所以我们做了我们必须要做的事情：签署新合同，即便这意味着对客户作出的承诺过了一些，或者给我们的服务器增加了过多的压力，或者差一点就失去了我们的首席技术官。

受罚的时间终于到了，2004 年年初，我们停止了大部分的销售活动，专心致志地做技术。天啊，收入减少了，开发费用增加了，我们真真切切地感受到了财政紧张。

头脑风暴：敢于不完美

有时全优生很难成为创业家。为什么？高效的创业家能够接受"足够好"。足够好意味着不会为宣传册尝试 80 种不同的字体。足够好意味着不会为了取悦客户而盲目添加连客户都不关心的新功能或新服务。将产品由 B+ 升级到 A+ 意味着公司要成为不断缩水的边际收益的牺牲品。

"足够好"是完美的天敌，这一点在产品开发过程中表现得最为明显。在我们的软件开发崩溃的那段时间，我们不得不做出艰难的决定：是否为我们的产品增加某些特色功能。如果我们的思路不清晰，思考不冷静，那么我们就会增加一些只有不到 10% 的用户才会用到的"炫酷"功能。例如，在一个很少用到的报告功能中，设计上采用普普通通的图表就够了，完全没有必要弄成交互式。

那什么时候才应该追求"卓越"呢？你不想让"节俭控"限制你的每一个方面而令其表现平平。解决的关键是要弄清哪些方面做到足够好即可，而哪些方面需要做到卓越。

有一家公司就找到了这种平衡：谷歌公司。谷歌为员工提供的工作餐是极好的，但他们用餐的桌椅却很寒酸。他们省对了地方，在无关紧要的方面愿意将就。然而他们在其他一些方面却不愿将就，例如他们的价值观（"不作恶"）。

举一个 Comcate 的例子，有一次我们要准备回复一份招标书。招标书本身就长达 25 页，并且要求了一些看似不相关的信息。虽然如此，我们还是埋头苦干起来，认真准备了每个部分，反复讨论了简介和结论部分，回过头来再看我们选择的图样。在整整工作了一个下午之后，我和搭档们相互看着彼此。"我们到底为什么要花这么多时间来精雕细琢这个呢？"客服主管奥利维尔·马钱德（Olivier Marchand）说道。

这也是我们所有人的想法。我们已经在长达 60 页的回复中反复交代了

必要的内容，这就足够了。

　　"够好了。"我说。

　　"够好了。"戴夫说。

　　"够好了。"奥利维尔笑着说。

　　于是我们就忙别的去了。三周后，我们收获了一份 40 000 美元的

合同。

>>

　　创业初期的产品开发需要你做出各种权衡取舍。你是希望它费用低、速度快还是质量好呢？请选择其中的两点，工程领域有一条古老的格言就是这样教导的。已经成长了的 Comcate 选择了质量高和速度快（并且昂贵）的产品开发——这个决定自实施以来也得到了客户们的一致认可。

　　但我们差点淹死在摸着石头过河的途中。

精打细算过日子：
度过资金周转不开的困难
时期

简单生活的问题在于，它可以快乐、丰富、有创意，但一点都不简单。

——多丽丝·詹曾·朗埃克

（Doris Janzen Longacre）

"**好**的，先生，请抬起胳膊。"

操着一口蹩脚英语的机场安检员开始对我进行扫描，他手里的金属探测器从我的左脚踝开始，沿着左侧身体向上直到腋窝，然后再从身体右侧自上而下扫下来。我叹了口气，耐心地配合着。为了获得双倍的西南航空公司快速奖励积分，忍受这点儿小麻烦还是值得的。在西南航空公司促销期间，如果通过网上订票就能获得双倍的飞行积分。但在网上只能订到单程的机票，所以我就在网上订了两张单程票，获得了双倍的积分。只是单程乘客每次都需要安检，所以我还要多忍受一次小小的不便。

>>

"不过，至少这儿还有一张床。"

当我们走进一个几乎没有什么家具的简陋房间时，父亲第一次开口评价道。这是加利福尼亚州莫雷诺谷市的一家旅馆，第二天早晨我要去市政厅做推销。房间里没有桌子，只有一个粗劣的梳妆台和一块褪了色的污渍斑斑的蓝地毯。但是，起码有一张床。我们能有一个房间就已经很幸运了。前台笨手笨脚的服务员不接受我们的任何信用卡。

>>

"请在这里签字，我们马上就带你们去坐接驳车。"

"还要坐接驳车？"我惊讶地大声说。"我们都已经坐了两辆了！"

"是的，先生，我们得把您带到真正的停车场去。"

这是一次妈妈陪我去洛杉矶出差，我提前以 35 美元 1 天的低价在便利租车行（Advantage Renta-Car）租了辆车，而且以为自己赚到了。结果当我们在安大略国际机场降落后，先是坐了一辆接驳车到汽车租赁站，然后又坐了第二辆到便利租车行，现在是第三辆到停车场。从下飞机到开上车一共花了两个半小时。

>>

"让我们来看看，喷墨打印机是 54 美元，激光打印机是 125 美元。告诉我为什么你认为激光打印机更好呢？"我说。

戴夫和我正在争论我们应该购买哪种打印机。为了努力地降低成本，类似的争论经常发生：喷墨打印机价格低，从短期来看更便宜；但这种打印机用起来更费墨，所以从长远来看反而更昂贵。大部分技术采购都面临着同样的决策困难。价格相对较低的计算机模型从眼前来看可能会省钱，但不到六个月它就坏了，这个价钱就不值了。这类的权衡给新公司增添了不少烦恼。

>>

"哦，不，你千万别说话，一个字都别说！"

我的初中老师知道我为什么满脸堆笑地去办公室找他。我想再借一下学校的投影仪拿去公司做演示。由于价格昂贵，所以在公司成立早期，我没有购买投影仪。借别人的来用照样没有问题。

>>

"赫兹，赫兹，赫兹。难道戴夫不知道吗？赫兹是最贵的租车公司，可他每次都在这儿租车。难道他不明白我们还不是能享受赫兹服务的那种公司吗？"

看到戴夫的费用报告，父亲跟我发泄了一通。不但是租车费用让他挑起了眉毛，而且他还质疑一张南加州餐馆的餐票，因为按照戴夫的说法，餐票发生的那一天他应该身在北加州的马林县。所以理所当然地，父亲给戴夫写了一封电子邮件，要求他对各种名目的花费做出解释。

亲爱的戴夫：

看到你的支出报告中又出现了赫兹租车的账单，我很惊讶。另外，我还想问一下洛杉矶餐厅的一张餐票……

祝好！

大卫·卡斯诺查

>>

创业生活的一个重要特点就是尽自己最大的努力自力更生。只要有可能省钱，那就想办法去省，因为你在开支账户省下一美元就意味着你又多了一美元可以用于产品开发或销售。在创业早期，你的目标就是把尽可能多的钱引到这两个领域（把产品做得更好，然后努力把产品卖出去），而其他的诸如差旅、服装、电话、设备和美食之类的费用就能省则省了。

然而，节俭并不是仅仅"少花钱"那么简单。毕竟，有一些事情是需要高品质的，例如商业名片、公司网站、你用的香水。所以秘诀在于：弄清什么地方该省，什么地方该花。

>>

在 Comcate，我们既要节俭开支，又要增加销售，还要开发出可靠产品，这三重要求搞得公司内部关系异常紧张。一天晚上十点半，父亲怒气冲冲地走进我的房间。

自 Comcate 成立以来，这是我们第一次真正感觉到资金周转困难。在今年上半年，我们进行了大规模的投资，而我们的应收账款却一直被拖延。这使我们不得不进一步勒紧腰带，严格审查开支。站在我房间的门口，父亲要求我解释为什么第二天我要去洛杉矶。

头脑风暴：索取金钱 Vs 索取建议

关于创业流传着这样一句永恒的格言："决不要去索取金钱，而是要索取建议，这样你才更有可能会得到钱。决不要去索取免费的建议，而是要索取金钱，这样你会得到免费的建议。"

2003 年 12 月，戴夫·里奇蒙、迈克·帕特森、父亲和我再次拜访了格雷格·普劳。我第一次去日本软银／莫比斯风险投资公司拜见格雷格是在 2001 年，当时我只带着一个想法和一个早期的产品原型。现在我又来了，带着一名专职总裁、大量的客户、真实的收入还有崇高的目标。我们想看看我们是否已经为筹集风险资金做好了准备。

第二次见面，格雷格身边坐着他邀请来的两位合作伙伴——海蒂·罗森和布拉德·菲尔德。我们表面上是"要筹钱"，但真要是有人给钱的话，我们还真不知道该怎么花。我真正想要的是向这些重量级

的人物学习的机会。我们介绍了自己的情况，然后问莫比斯公司是否想投资 Comcate。海蒂和布拉德立刻开始提供免费的建议（例如：不要轻易筹钱，除非你十分需要它）。看到会议的话题已经由资金转到了建议上，我抓住机会提出了"更大的请求"："我现在正努力发展公司的业务，请问在座的各位能把我介绍给其他的企业家或者潜在的顾问吗？"海蒂和布拉德都热情地答应了，并且他们后来都变成了我的重要导师、朋友和榜样。

有些时候，如果你想要得到什么，你必须要求不同的东西。

"你打算怎么支付西南航空公司的机票？"

"用公司的信用卡。"我回答。

"好的，那么你猜怎么着？公司一分钱也没有了！"

"真的。"

"我们不能草率地花钱。"

"可是，爸爸，我们怎么做才能赚到钱呢？怎么做才能让公司有钱呢？"

停顿。沉默。

"谁来增加销售额？"我接着说，"是你吗？你去推销吗？难道我们应该坐在家里等着钱从天上掉下来吗？"

他犹豫着是否应该做出回应，但是他没有。他一句话也没说，走出了我的房间。

我躺回床上又想了想，开始不确定这次洛杉矶之行是否值得，但同时也坚定了一个想法：我们需要和更多的退休执政官签约，让他们帮我们向潜在客户介绍产品。

我决定取消洛杉矶的出差计划。

首先，我给西南航空打电话取消了航班。然后给我的联系人发了一封邮件，向他们致歉，告诉他们我家里有急事。第二天早晨我醒来时父亲已经出门了，我在手机上收到了一封语音电子邮件，竟然是父亲的道歉信："本，你这次去洛杉矶出差，我的态度有些不妥，你取消了计划我很遗憾。"

>>

以下有三条经验教训供新创公司参考：第一，节俭是非常有必要的。父亲的监督给公司帮了大忙；第二，关于在资金紧张的情况下，哪些花费是允许的这一问题，要在公司内部公开讨论，达成共识。每个人都应该意识到自己有权利去质疑那些可能的草率的花费，但质疑的方式一定要有成效、有组织；第三，有些时候即便你认为你需要花钱来让生活变得更容易，而实际上你并不需要，因为你完全能够忍得了旅店里脏兮兮的地毯。

Chapter

15

漫长又艰辛的跋涉：
实现规模化

我们在招人参加一个充满危险的旅行。工资很少，天气很冷，要过好几个月没有白昼的日子。我们不确定是否能安然归来。而如若成功，我们便会收获荣誉和认可。

——欧内斯特·沙克尔顿

（Ernest Shackleton）[1]

1　Ernest Shackleton，中文译作欧内斯特·沙克尔顿（1874年2月15日—1922年1月5日），一位出生于爱尔兰的英国南极探险家。这句引言是欧内斯特·沙克尔顿在招募南极考察队员时的公告。

——译者注

企业的成长就像仓鼠永远停不下脚下的转轮；或者像讲师用单调的声音冻结了教室里的时钟；抑或是像徒步旅行者意外遭遇泥沼，然后决定艰苦跋涉；或者，是的，就算一个新想法已经落地生根，它还是需要照看者给它施以无穷无尽的浇灌。每个组织或个人都会遭遇一种人们所说的"生长痛"——商店售货员每天看着商品从货架上飞走，或者十几岁的少年惊奇地发现自己正经历着青春期的变化。但如果要用其来形容本章所说的企业的成长期的话，这种程度的"生长痛"还差得很远。对企业来说，生长痛是指那种崩裂骨缝、让锅沸腾、让人瞪大眼睛、让财经频道（CNBC）垂涎三尺的飞速成长。但从另一方面讲，这种漫长而又艰辛的跋涉，也可以是一种步伐坚实而又缓慢的成长。你祝贺自己进入了这一阶段——对一个新想法来说走到这一步的确已是壮举——然后准备集中精力加逗销售，加速产品开发，加速扩大影响。这漫长而又艰辛的跋涉是每个人、每个想法、每个公司必须要经历的，之后他们才可以进入本行佼佼者的大联盟，才可以眼也不眨地说："我们，的确很强。"

>>

在生意中，一旦你发现某一业务做得还不错，并且需要弄清楚这一业务到底有多不错的时候，你会在鸡尾酒会指南中发现类似这种空洞的套话：

告诉你新认识的人："我的生意正飞速发展，我真的很想扩大些规模。我们想看看我们是否可以实现规模化，成为一家大公司。"一边说一边配以手势，用手模仿一个气球的样子。

高德纳（Gartner）[2] 称这一成长的阶段为"理想幻灭的低谷期"，但这个文绉绉的叫法对那些喝了红酒、头脑发热、舌头发硬的谈话者们是个挑战，所以我们大都用"漫长又艰辛的跋涉"这一说法。这是指你的公司有一些生意，但是通常收入还不足 5 美元，而且公司还没有想出来该如何超越这一水平。Comcate 在 2004 年时也到了这个阶段，那时"扩大规模"是我在战略会议上听到的最多的字眼。一开始感觉不错，毕竟每个公司都想进入这一阶段，但是不要逗留太长时间。就像棒球比赛中每个人都必须要先到达一垒，但没人愿意一直待在一垒。

>>

通过销售我们的旗舰产品 eFM 给地方政府，Comcate 已经取得了不小的成功。我们有付费客户，有有效的产品，有几十万的经常性收入，还有一家非常活跃的销售流水线。我们有一位全职的总裁，有客服主管，还有一些基本的基础设施。[3]我们的产品绝对可靠。我们积累了大量有关地方政府和 IT 领域的专业经验。客户通过将我们的产品与复杂技术整合应用于大型机构，使我们的产品得到了国际上的认可。这些都可以引向一个令人满意的结论：Comcate 了不起，公司的发展道路是正确的。

但是，公司能发展到多大呢？优秀的企业家们总是会不断地提高自己的

2　Gartner，中文译作高德纳，美国知名咨询公司。——译者注

3　戴夫由首席运营官"提拔"为总裁，这没有任何意义，只是给了他理所应当的头衔。头衔其实只关乎自我意识，而自我意识未必是件坏事。

标杆。

>>

Comcate 发展的另外一条途径就是做一棵只赚取利润而不扩大投资的"摇钱树"，保持自给自足。如果选择这种方式的话，我们将维持一个小公司的规模，为有限的客户提供服务，为我们的投资者输送稳定的现金流。这一展望远不能令我们兴奋，尽管这样做风险更低。但如果风险越大，好处也越多。如果我们制订计划扩大规模，那么我们可以筹集额外投资，然后把我们的客户群增加至数百个政府机构。我们想朝这样的方向努力！

为了谨慎，在制定加速发展战略之前，我们首先认真地反省了我们的成功，我们要面对一些令人不安的事实。首先，最重要的一点，我们所有的销售都要经历好几次客户会议和电话沟通才能成交，而且还需要更多这样的会议才能够最终成功落实。对一个年费为 10 000 美元至 30 000 美元的产品来说，我们的销售成本——也就是我们为了赚钱而不得不花的钱——太高了。第二，在我们现在所有的基础设施中，我们缺乏一个有效的、能稳定地产生合格客户的市场营销引擎。第三，我们现有的专业领域是地方政府，地方政府真的很具有地方性。我的意思是，它们的运转各不相同，所以它们要是买了"昂贵的"软件，涉及组织内那么多人，那么海量的技术咨询是不可避免的。所有这些让我们不安的方面已经不仅仅是挑战了，它们似乎是我们扩展业务的根本障碍，或对任何公司来讲都是这样。你的销售成本是什么？你有一个高效的客户生成系统吗？每个客户的情况是基本相同还是各不一样？

>>

还有其他几个问题也是企业要认真自问的。例如，扩大规模是通过自身发展还是通过外部购买？自我发展是指发展自身可重复的业务流程来扩大客户群和收益，同时防止支出以同样的速度增长。大多数顶级公司都是通过有机成长来扩大规模的，因为由 10 个客户缓慢稳定地增长至 500 个客户要比跳跃式的增长更易于管理，而购买式的发展则属于后面这种跳跃式的。当处于发展早期的公司购买规模时，他们会通过融资去兼并其他的公司。在某一细分市场并存着好几个小公司在竞争市场份额，按照这种思路的话，那个能将其他各家都收入麾下、瞬间变得体量庞大、容易赢得人们信赖的并购者将成为赢家。但购买规模的问题是它只是看似简单，而其实大多数的并购都是以失败告终。

头脑风暴：以关系为基础的第一笔生意

早期的 Comcate 之所以能够成功是因为其销售是建立在关系的基础上。以关系为基础的销售是指与客户建立人际关系，然后请客户将你介绍给他们的同行。我们的销售周期之所以很长，就是因为这样的关系建设需要时间，但它也非常有效，只要你给它时间的话。但是这种主要以关系为基础的业务很难实现规模化发展，这就是为什么 Comcate 走出了这种模式。

且不论这种模式是否有利于拓展，但有一点是毫无疑义的，那就是它能为年轻的管理者们提供一种非凡的体验。它能培养各种能力：如何与人接触，如何说服他人，如何创造共同价值，如何管理一个相互连通的关系网。这些技能无疑会使公司受益终生。相比较而言，通过其他一些不那么"人际化"的工作，我们也可以获得一些技能，比如远程 IT 服务、制造业甚至金融领域的低阶职位。这些工作也可以很成功，但对于一个创业者而言，这些工作能产生的长期回报却少很多。

我见过许多比我富有得多的年轻企业家，但除非是嫉妒蒙蔽了我的心智，否则我不认为他们已经培养出了能帮助他们今后事业发展的情商和社交能力。

如果你想创业，不要只用简单的经济收益来判断一项业务的价值和最终的成功，还有许多其他的衡量指标值得考虑。如果某一经历能够帮你培养至关重要的生活技能，那么这项经历理应被排在清单的首位。如果你的第一项业务需要和很多人打交道，那么这种业务是值得去做的。

>>

我们想走有机成长的道路。

安迪·萨克（Andy Sack）是互联网公司 Judy's Book 的首席执行官，曾在他的博客上提出了每一个在成长中挣扎的管理团队都应该自问的三个问题。

1. 我们目前的业务模式中最困难的问题是什么？或者说最让我们纠结挣扎的是什么？

2. 我们的业务中，容易的部分是什么？或者说是什么比预期的效果更好？

3. 目前的潮流是什么？我们想让我们的业务引领什么样的大趋势？

对 Comcate 来说，我们认为最困难的是运行于大型组织的软件产品的销售。容易的部分是通过网络进行市场营销和广告宣传以寻找小城市的潜在客户。而潮流就是小型机构在互联网上购买便宜的软件。

根据这些结论，我们决定首先从我们的旗舰产品 eFeedbackManager 入手。我们的产品毫无疑问是市场上最好的小城市托管型 CRM（客户关系管理）软件。问题不在于产品，而在于市场。简单地说，eFeedbackManager 仍然是个锦上添花的产品，不属于必需品。

"将来总有一天，美国的每个城市都需要有一个这样的系统来追踪信息。黄色的记录本将成为历史。"2003 年，我在面试戴夫·里奇蒙的时候是这样对他说的。

现在已经是 2005 年，这一天仍然尚未到来。大部分的城市还是用各种落后的方式运行着。有一些城市购买了这类软件，但机构内工作人员的种种质疑往往让软件的落地耗时又费钱。再加上进入这个市场不需要什么门槛，致使一些小公司抢走了原本属于 Comcate 的客户。

当某个产品只能锦上添花时，销售的速度往往不会很快。

我们进行了各种各样的"测试"，想看看我们是否能突破这些挑战，缩短销售周期：我们聘请了一位从西弗吉尼亚州退休的议员作为代理商销售产品，我们与其他电子政务供应商建立了伙伴关系，我们参加各种各样的展销会，诸如此类。但无一奏效。有的时候市场有它自己的步调，如果时机不对，你做什么都无济于事。

我们的计划必须改变。这没什么不对。极少有一家公司在注册一年后还维持着原来的商业模式。随着你不断地学习，你的计划肯定会改变。

>>

我们将注意力转向看似更容易的业务。我们为加州的兰卡斯特市开发了一些定制软件。兰卡斯特市有一个执法部门，该部门的工作人员负责巡视社区内是否出现了违规行为，比如影响市容的行为，然后发出传票，并进行少量罚款。应该部门的要求，我们为其定制了一款执法软件。这款软件在他们的工作中起到了关键性的作用，结果是我们不但在兰卡斯特市取得了巨大的成功，而且其他城市也想要这样的产品。

以一种纯属意外的方式我们开发出了这样一款产品：（1）只针对组织内的一部分人，因此避免了只有整个组织同意才能成功销售的痛苦；（2）使用过程中不怎么需要维护和支持；（3）销售周期相对较短；（4）满足了客户的一个关键需求。

一旦我们意识到了我们这次成功的意义——或多或少地通过互联网销售低成本的软件产品，而且不需要多少现场技术援助——我们便雄心勃勃地给这款产品增加了新模块，使它变得更加完善。我们走出了原来那种为整个组织提供昂贵的成套软件的思路，转而向着即将到来的大潮流迈进，并确立了这样的企业愿景：通过网络销售和交付的方式，面向全国范围内那些常常被忽视的机构，根据其个性化需求提供有针对性的低成本的软件模块。我们今天奉行的仍是这一愿景。

头脑风暴：增加好收入，减少坏收入

并不是所有收入的获得方式都是相同的。当外界评估你的业务时，他们会考虑收入的不同类型。

当一家公司想证明自己有能力拓展其销售模式，它就要面临在"好"收入和"坏"收入之间进行权衡取舍。好收入是通过一种可重复的、效率高的方式获得的。赢得了一次偶然性的政府招标（RFP）并不能帮助我们证明 Comcate 能够实现低成本以及可预见的销售规模的扩

展。因此，RFP 收入对我们来说就是"坏收入"。另一方面，在网上签约客户成本低、效益高，因此这是"好收入"。

>>

之所以称这个阶段为"跋涉"，是因为要想弄清成长的战略，然后据此采取行动似乎要耗费无穷无尽的时间，而这漫漫无期会给人带来巨大的挫败感。即使是行动灵活的小公司，要想搞清楚什么困难、什么容易、什么是趋势也远没有听起来那么简单。有时候你需要好几年才能知道你当年下注的发展道路是否是成功的模式。你想要即时反馈，但是市场有时要过好几个月才公布你的成绩。在 Comcate，我们尝试进行多种同步"测试"——尝试新的营销方式，参加新会议，试验新的转介系统，试探不同的定价——每一项都有不同的开始日期和结束日期。我们尝试在大海中广撒网，看看到底哪张网能捕到鱼，看看到底是什么能够产生有希望的结果。

>>

"漫长而又艰辛的跋涉"这一叫法是有道理的。这一过程令人感到灰心沮丧、压力紧张、永无止境、痛苦折磨、缓慢拖沓、重复枯燥……董事会议开始变得语焉不详："好吧，我们需要增加销售。我们需要以更快的速度签下订单。"Comcate 在这条跋涉的路上走了一年多的时间。

对任何一个新项目来讲，这个阶段是最容易出现跳槽的时间。以我的经验，人们往往不是在完全失败后离开——如果是这样，他们会被贴上遇难而弃的标签——人们更多的是在跋涉的过程中离开。当进展过程令人感到沉闷乏味，当市场反馈模糊不明，当通道尽头的光线暗淡朦胧。人们努力地工

作，但不管脸上流下多少汗水，火车的速度好像总也不够快。所以他们把车
抛弃了。

领导者的工作就是保持专注，强调过程大于结果，耐心大于焦虑。整个
团队必须坚定不移地相信：如果我们能熬过这个阶段，如果我们能证明这是
一条高效发展的道路，我们便会成为一个伟大的公司。别忘了，如果铸就伟
大是件容易的事，那么每个人就都很伟大了。

智囊团：坚持苦干

卡罗尔·鲁特伦

做好准备面对问题。做好准备面对挫折。做好准备面对失败。

创业的本质就是风险投资。如果容易的话，市场上早就会出现占主导地位
的众多竞争对手。一次成功的创业混合了许多关键因素——市场的需求、正确
的产品、有针对性的信息、成功的销售、杰出的服务。要想把这些因素都凑齐
是很难的。

我自己的软件公司 ExpatEdge 也经历了本的 Comcate 所经历的那种"漫长
而又艰辛的跋涉"。这是创业过程中历经的一个自然的阶段，用正确的心态来面
对它非常重要。

无论多么老套，在这种艰难的时刻，我牢记的最重要的建议就是：不要放
弃，坚持苦干，倾听你的客户。他们的问题是什么？你能解决他们的问题吗？
你的信息传递给他们了吗？你应该重新定位自己的产品吗？

反省你的定价，是否太高，或者太低？它如何适应你的客户的预算？与你
的竞争对手相比，你的定价如何？你能重新调整费用，提高价格的接受度吗？

尝试不同的东西。你能把你的产品卖到另外一个市场吗？或者通过另外一

个渠道？你的销售团队的效率如何？

有的时候，我们需要的只是一些时间——在市场上获得名气，赢得发展动力，建立信任，摘掉"只是一个新开张的企业"的标签。有些市场有自己的节奏，外界是很难使其加速的。

最后，请记住坚持终有回报……正如托马斯·阿尔瓦·爱迪生所说："生活中的许多失败是因为人们在放弃的时候没有认识到他们距离成功是多么得近。"

My Start-up Life:
What a (Very) Young CEO
Learned on His Journey Through
Silicon Valley

卡罗尔·鲁特伦目前是跨国公司股票计划和税收政策方面的咨询顾问。她之前经营过一家新兴软件公司 ExpatEdge。

Chapter

16

履行使命：
一次服务一位客户

许多人对什么是真正的快乐持错误观念，实现快乐的途径并不是自我满足，而是忠于一个有价值的目标。

——海伦·凯勒（Helen Keller）

苹果公司 CEO 史蒂夫·乔布斯曾在 20 世纪 80 年代中期向时任百事可乐公司营销总监约翰·斯库里（John Sculley）提出过一个著名的问题："你想一辈子都卖糖水，还是想改变世界？"毫无疑问，苹果公司正在改变着这个世界，那么 Comcate 公司呢？改变世界要从改变个人开始……

>>

2005 年年末，我接到了杰克从伯根山打来的电话。如果你还记得的话，杰克就是我最早在伯根山实施 eFeedbackManager 项目时，曾提出反对意见的那个员工，他当时不想改变自己的办事方式。现在杰克已经从伯根山市政厅退休了，空闲的时候，他会用自己的个人电脑上网，并且他发现互联网是一个很有用的东西。

"你知道吗？它真是太神奇了。我现在用雅虎的金融软件（Yahoo! Finance）跟踪我的股票，我也清楚地看到了人们是如何使用技术来跟踪投诉和问题的。几年前，你曾向我描述过这样的愿景，但我当时没能看见，不过现在我看到了。"

"嘿，"我说，"我很感激，您的这些话对我非常重要。我真希望我们当年能得到您的支持！"

"我知道。我之前就在想你接到我的电话可能会……很欣慰，但同时也可能会感到沮丧。但是我肯定，你不止碰到过我一个，你很可能在其他城市也遇到过像我这样上了年纪的人。"

"是的，我们确实遇到过。"

"没错，这也是我打电话的目的，我其实是想说：祝你好运……年轻人。"

这听上去像是他忘了我的名字，但这并不重要。对于杰克来说重要的是：我很年轻，我有一个愿景；他年纪大了，但现在他也看到了这种愿景。

我跟杰克的谈话给创业公司上了一课：时机很重要。有时你的产品进入市场太晚或者太早都不会产生好的效果。我们进军伯根山的时机可能有些太早了。

>>

在全国各地的组织机构当中都会有杰克这样的人。上一辈人的拒绝改变令我们这一代人感到苦恼，正如杰克上一辈的拒绝改变也让他们那一代人感到苦恼一样。创业者们注定是促成变革的那一类人：他们创造出颠覆性的产品；他们说服那些"技术让明天更美好"的怀疑论者；他们提议改造那些其他人认为已经够好了的系统。我的经验告诉我：哪怕他们改变的只是人们日常生活中最细小的部分，哪怕人们对新事物再慢热，他们带来的这种改变也是令人满足、令人欣慰的。但是更为重要的是，这是改变我们生活的第一步。

>>

杰克改变了对技术的态度，虽然这份迟到的改变已经不能让 Comcate 赚到什么，但它让我清楚地看到我的这份工作正如我所希望的那样会给当地政府带来持久的影响：把工作效率低下、老派守旧的政府机构转变成充满活力的机构。技术确实能够改变他们的工作。在我著写此书期间，我与一些客户交流过，他们告诉我，他们期望 eFeedbackManager 能让他们的组织变得更加开放、反应更加灵敏、内部运行更加高效，长此以往，脱胎换骨。

我成立 Comcate 是为了贡献出一份力量，让我们的政府变得更美好：少一些官僚死板，多一些灵活、创新和创业精神。具体而言，我们通过我们的服务来增进社区居民与他们选举出来的地方官员之间的交流，进而提高这些居民的生活质量。"让世界更美好"的任务是一张大大的拼图，而我们只是其中小小的一片。但是没关系，至少我们已经成为了其中的一片。

头脑风暴：做有意义的事——是什么让你和你的员工每天早起

我不喜欢崇高玄虚的使命宣言。它们大部分都没什么意义。

创业作家兼演讲家盖伊·川崎（Guy Kawasak）曾经提到：每个公司都应该设计一个自己的口号——用三四个词简单描述出企业的目标，然后奔着这个目标抓紧行动。

Comcate 一开始用了个听起来不错，但有些模糊的口号："增强政府与公民间的交流"。在接下来的一版中，我们选用了一些热词："转变地方政府的客户互动方式"——表达准确一些了，但有点拗口。

现在，如果有人问我 Comcate 是做什么的，我会说："我们致力于使用科技提高地方政府的办事效率。"

正是这种改善公共服务质量的使命感在每天早晨召唤我起床。它激励着我跟潜在的合作伙伴对话，跟我的客户对话，努力帮助他们把事情做得更好：为各种各样苛刻要求的选民们提供大量优质的服务。

不要用许多词汇堆砌出一个标准化的使命宣言，想点与众不同的。就像你用心思考你的生意那样，用心思考一下到底是什么在激励着你。

你希望你的公司给世界留下什么？你的客户托付给你的是什么？试着把这些浓缩成几个简单的词，然后让它随着公司的发展不断演变。

>>

Comcate 不仅提供软件服务，我们还为政府和选民间的沟通加足马力。Comcate 背后这种更大的愿景和意义——变革政府的工作方式——让我们的员工工作起来充满动力。为你的事业赋予更大的意义并不容易，但最好的公司从成立之初就能捕捉到这种能量和精神，并把它传递给自己的员工和客户。

在 Comcate，我们称其为"履行我们的使命——一次服务一个机构"。

对于我自己而言呢？我称其为履行我自己的使命：通过以一种持久的方式影响其他个人和组织，力争在尽可能长的时间里尽情地燃烧自己。

你有自己的使命吗？

Chapter

17

前方的路：
扁平世界的领袖

在变化的时代，不断学习的人会继承这个世界，而停止学习的人会发现他们只能完美地应对昨天那个已经不复存在的世界。

——埃里克·霍弗（Eric Hoffer)

每一天都是一次重塑自我的机会。这是指重新考虑你是谁，你主张什么，你在这个世界真正想做的是什么。有些事情不应该是固定不变的吗？不！你需要不断地重新思考这些问题。在我看来，你别无选择。世界瞬息万变，如果你不能时时更新对这嘈杂世界的认识，那么你就死定了。查尔斯·达尔文曾经说过："能够存活下来的物种既不是那些最强壮的，也不是那些最聪明的，而是那些最能适应变化的。"在未来的五十年中，我们将目睹很多很多的变化。

Comcate 正在发展，我也期望着能发展更多的业务。在这样的时刻，我思考着我前方的路，我应该在哪些方面重塑我的技能才能应对未来的竞争呢？

在未来的二十年，成功的企业家们会有什么样的共同点呢？

依我拙见，企业家们要特别注意以下趋势，因为我认为它们将定义未来。

全球化

这是新闻报道中的热门话题，也理应是热门。我们眼前的这个世界比任何时候都更加紧密地联系在一起，相互依存。虽然全球化并非一种新现象，但当今世界的全球化进程发展得更快，地理分布更广。一些商业上的影响是显而易见的：更多的国家参与到全球经济当中；分散化战胜集中化；消费者与生产者之间的地理距离变得不那么重要了；新的供应商进入现有市场，这将导致一部分人失去工作。在文化方面，经济全球化改变着"国家"的文化构成，因为全球贸易的发展助长着文化的多样性发展。地方美食、时尚和文化特色将变得更具有世界性。

智慧的企业家可以通过多种方式来响应全球化。

首先，他们会把全球市场看作是机会的来源。他们会看到，世界各地受过良好教育的劳动力都有可能成为自己的员工。他们会看到，一些体量庞大的新兴消费者市场已经形成，比如中国、印度。

其次，他们会致力于了解全球的文化。他们与美国人共事有别于与印度人共事，然而他们与巴西人共事又会有一些不同。他们承认，即便文化和标准方面的差异正日益缩小，但人们思维过程的差异却依然存在，而这需要一些人站出来担负起加速融合的任务。

再次，他们会掌握过硬的外语能力，并尽可能多地旅行。

最后，他们会倡导开明的政治政策。这不仅为了给创业者们提供更好的创业环境，而且为了提高全世界大部分人民的总体生活质量。本着这种精神，他们会抵制贸易保护主义，支持自由市场，拥护开放的移民政策，并努力建立社会保障体系。

写作技能

因为我自己很喜欢写作，所以这看起来有些小私心，但我相信写作的力量。清晰的行文反映出清晰的思维，而在这个日益复杂的世界，清晰的思维是非常宝贵的。高深的数学技能对于科学家和工程师们来说很重要，而且我们也需要更多这样的人才，但对于普通的商人来说，我并不认为数学会是他们未来必不可少的技能。当然掌握统计和计算的基础知识是很重要的，并且还要牢固地掌握会计学的相关知识。但随着计算机的飞速发展和普及，在很多工作中，连最基本的数学技能看起来都没有必要了。所以，虽然技术会继续处理日益复杂的方程式，但我并不认为技术能够表达日益复杂的思想，也不能像人类写作那样创作出优美的文学作品。正如身为创业家和工程师的保罗·格雷厄姆（Paul Graham）提到的那样："写作不仅仅能够使人们交流观点，它还能让人们产生观点。如果你不擅长写作也不想去写作，那么你会错过写作可能给你带来的想法。"

按需教育

由于全球化进程不断推进，世界日新月异，人们很容易获取知识，即使是最深奥难懂的知识。例如，一本周末版《纽约时报》（New York Times）包含的信息要比中世纪的人们终其一生接触到的知识还要多。在过去，知识是稀缺的，你必须走进大学才能获得。但是现在，知识丰富充裕，基本上是免费的，任凭一颗好奇的心去探索它。为了保持敏锐的洞察力，前沿的企业家们会利用"按需"教育持续为自己充电，并且他们会认识到最重要的学习可能发生在大学或研究生毕业之后。正如《福布斯》（Forbes）杂志的创始人贝蒂·查尔斯·福布斯（B. C. Forbes）曾经说过的那样："对于年轻人，极其重要的首先是意识到教育的价值，然后认真、积极、不停地去培养自学的习惯。"

这个知识丰富的社会还让人们对经验的重视到达了一个新的高度。在现实世界中，应用所学知识而产生的经验比以往任何时候都有价值。如今知识可能是免费的，但经验却不是。企业家应该在不同的领域和不同的国家获得各种各样的经验，这样才能拥有比竞争对手更加广阔的视野。原创性的思想是很稀有的，尤其在商业领域。为寻常的知识配上不寻常的经验，你就会领先一步，获得成功。

做个好人

在这个相互联系的世界中，名声变成了公开透明的，你的名声会跟随着你。那些点评的网站、调查声誉的网络，还有个人网络日志等都能帮助你比以往任何时候都更加真实地了解某个人。所以，对人和善、讨人喜欢的领导者会赢得成功。纸包不住火，做了坏事早晚会暴露。没有谁想跟混蛋一起共事。当然，有时混蛋会获胜，但正如斯坦福大学的教授鲍勃·萨顿（Bob Sutton）所说的那样："就算你是个成功的混蛋，你仍旧是个混蛋，我不想跟你混在一起。"

做一个好人吧，你会赢得更多。

智囊团：如何思考未来

肖恩·内斯（Sean Ness）

计算机键盘教会我如何思考未来。

七年级的时候（1982 年），我学习了一点基础的编程。虽然它没有让我立志做一名程序员，但我最终还是决定去学学打字，并且和好朋友一起报了学习班。我认为：计算机会很火！学习班的 40 个人当中，除了我们两个，其余的都是女孩，这使得我们的小伙伴们经常嘲笑我俩不爷们儿。但在第二年，我们的朋友们都参加了这个课程，因为那时他们已经看到计算机正变得越来越重要。

上打字课有什么特别的意义吗？由于我现在就职于未来研究院（Institute for the Future），我明白我当时只不过是经历了一个"预见——洞察——行动"的过程。我的预见是，计算机很快就会在经济中发挥巨大的作用。这让我洞察到：如果我学会了打字，将来找一份与计算机有关的工作会很容易。那么这一步行动就简单了：学习打字！

在互联网时代，每个人都能知道最新的资讯，但只有最杰出的领导者们才能察觉到什么才是重要的。本的故事告诉我们：企业家的洞察力让他们预见到了即将到来的发展趋势，而这样的预见让他们得以创立富有意义的企业。

请记住：

1.　培养自己的预见能力，使自己能够察觉和理解自己所遇困境的大环境；

2.　增强自己的洞察力，并且用他人的洞察力来激发自己的洞察力；

3.　学会什么时候该采取行动和如何从行动中有所收获。

今天的"键盘"是什么？当下最优秀的企业家们的预见又是什么？我认为是一种探索 / 分析 / 综合大量数据的能力。在计算机处理能力急剧增长的推动下，一个新词出现了："仿真能力"（simulation literacy），它会变得比计算机能力更为重要。信息超载将不会仅限于乏味的电子表格。你将来要处理的是那种包含了听觉、视觉和触觉的输入输出信息，具有高度分辨率的仿真场景（例如，外科医生在训练时在仿真人体模型上做手术）。

My Start-up Life:
What a (Very) Young CEO
Learned on His Journey Through
Silicon Valley

　　肖恩·内斯就职于未来研究院（Institute for the Future），该研究院是业内领先的非营利研究组织，旨在帮助组织机构做出更好的关于未来的决策。

18

不负我生：
当你到达坟墓时，你会喊
什么

大多数人只是苟活于世，活出精彩的寥寥
无几。

——奥斯卡·王尔德（Oscar Wilde）

2005 年 8 月底，我重返高中校园。按照惯例，我们毕业班的学生要在开学前外出参加集体活动——去马林岬（Marin headlands）玩两天。我感觉神清气爽，很高兴能再次见到我的同学们，其中一些还是与我关系密切的好朋友。暑假期间，我为 Comcate 工作，不过更有趣的是，我还在这段时间内第一次出国去了瑞士的苏黎世（Zurich），做了为期三周的交换生；我还读了三十本各种各样话题的书；我还晒足了太阳（我是董事会主席没错，但晒太阳仍然很重要）。

当我随着我的同学们登上黄色的大巴校车时，我感觉到我左裤兜里的黑莓手机带来的那种熟悉的摩擦。待我坐到座位上，我把手机拿出来塞进背包里，然后转过身来和我的朋友聊天。我们谈论即将到来的一年，谈论时间过得有多快。然后我转身看向窗外。当我们沿着弯弯曲曲的道路驶进马林山（Marin hills）时，四周都是大雾，整个车身都被大雾包围了。时光飞逝。三年前，我曾登上同一辆大巴，开始了我的高中生活，只不过当时 Comcate 正在招聘临时 CEO，我简直不敢相信在那种最关键的时刻我竟然无法收发邮件了。

那次新生的大巴之旅开启了令我完全疯狂的两年的高中生活。我每周为我的公司专心致志地工作 25 小时，冬天打篮球，努力调整自己适应了高中的社交风格。大巴的车轮摩擦着碎石，加足马力努力爬坡，就在这时，我感觉自己已经脱胎换骨了。我感觉自己比以往任何时候都更加自信。我终于感觉到我是以一种平等的身份出现在成年人的商业世界里，而不仅仅是个孩子。我终于感觉到，我和我学校的朋友们交往过程中所培养出的深度的默契和相互的尊重，而且还有我们一起共享的笑话（通常都是粗俗的）。

>>

在我高中的最后一年，我申请了大学。对此，我很矛盾：一方面，我强烈渴望着去学习更多知识，认识更多类型的人，挑战我自己的想法；但另一方面，我高中的成绩平平，而且据我自己的观察，我感觉四年结构化的正规教育不见得效果显著。有一次，我在纽约见到了营销作家赛斯·高汀（Seth Godin），这次见面让我了解到"现实生活大学"的理念。如果我花四年的时间环游世界、工作、读一百本书、拜访导师，我会得到什么样的教育呢？要是我对传统大学不感冒的话这倒是另外一种有趣的选择。

我的调查令我沮丧，竟然有那么多的学校、父母、辅导老师和学生都疯狂地追求着那些违反创业精神的事情：准备令人倒胃口的标准化测试，还要没完没了地修改满纸空话的"个人简历"。在私立大学读书的一位朋友也告诉我，在他们一年学费 40 000 美元的学校里，痛饮狂欢胜于学术追求。这真是在用一种昂贵的方式过派对生活！

尽管如此，我还是发现了一些令人兴奋的学校，我感觉在这些地方我能学习我喜欢的学科，接触到世界各地的优秀学生，让自己沉浸在一个新的环境。在这些文理学院和研究型大学的申请人当中我显得很特别，原因是我可怜的高中成绩（前三年平均绩点 2.6 + 最后一年第一学期平均绩点 3.9 = 累积平均绩点 2.99）[1]、还不错的 SAT 成绩，以及不同寻常的课外活动。无论我的其他活动多么引人注目——校报主编、学校篮球队队长，当然，还成立并管

1　美国很多高中实行四年学制，作者就读的高中也是四年制。——译者注

理着 Comcate——我知道许多大学还是要看成绩单。虽然他们不会重视创业经历，但我还是写上了。

时间过去越久，我就越为自己勇敢而充实地度过高中的前两年而感到开心：成立公司，雇用程序员，签约测试版客户，聘用总裁，发展业务，交出管理权，与媒体合作，广泛参与旧金山的生活，等等。就像我对我的升学顾问所说："是我自己做的选择，我不后悔，我会承担所有的后果。"

我开始提交入学申请，目标是那些能够欣赏我这种独立自主追求知识的做法并将其作为传统课堂有益补充的学校。最后，我申请了十几所学校，而且让人激动的是大部分学校都接受了我的申请，包括一个坐落于洛杉矶县规模不大的文理学院——克莱蒙特麦肯纳学院（Claremont McKenna），该学院致力于"培养商业和公共事业的领导者"。我高中毕业后会休学一年，然后于 2007 年秋季在克莱蒙特麦肯纳学院注册入学。要说到政府学、公共政策学还有经济学这几个专业的本科教育，能和克莱蒙特麦肯纳学院达到同一水平的学校寥寥无几，能出其右者更是没有。洛杉矶对我来说将是一个很好的基地，我一点也不介意南加州热情的阳光。

>>

当我还是个孩子的时候，经常跟一些邻居们去旧金山的基泽体育场（Kezar Stadium）玩橄榄球。那时我赢得了一个"公牛"的美名。尽管只有 10 岁，但我不会在传球时被擒抱摔倒，至少需要两个比我大 4 岁的对手才能让我趴下，即使这样，我宁愿满脸是泥、躬着腿也不愿完全倒下，这让人联想到公牛低头顶角、屁股撅着的样子。

但有时，我就是无法得分。我原来的篮球教练达奈（Darné）如果看到我整场比赛下来都没有一个犯规的话，就会对我大喊："如果比赛结束时你没有一次犯规，那你就打得太无力了。防守上，你的冒险太少。"

我经常问自己这些问题：我的脸上有没有泥土？我有没有犯规？改变世界需要冒险。阅读这本书你已经是在冒险了。想不想再冒另外一个？如果是的话，请访问 mystartuplife.com。

头脑风暴：创业者皆是乐观主义者

你有没有遇到过一个悲观的创业者？我没有。

我称伟大的创业者们为"冷水乐天派"。他们对未来持乐观态度，他们认为他们可以创造一个更好的明天，他们相信人性本善，他们相信希望能够激发士气、唤起灵感。但是同时他们也是脚踏实地的实干者——他们时不时地往自己脸上泼冷水，迫使自己面对现实。他们将自己的乐观情绪转化为具体的行动。

报纸的头条充斥着悲观的情绪。政客和专家们能够以否定谋生。鸡尾酒会上四处可见灾难预言者，而乐观主义者们（特别是年轻人）却被贬低为尚未被艰苦、不公的现实世界教育过的人。

重要的是创业者们要避开这种悲观情绪的污染。乐观能够开启充满创造力的过程，让我们看到原本看不到的世界。乐观是创业者的长笛——笛声悦耳悠扬，有时会透出些孤独寂寞，但也正是这一点使我们变得与众不同。

作为一个在事业上积极进取、时不时遭遇残酷现实的创业者，你怎样才能建立起乐观的态度呢？在《学习乐观》（*Learned Optimism*）这本书中，作者马丁·塞利格曼（Martin Seligman）认为，乐观主义者与悲观主义者之间的差别在于他们对周遭事件不同的"诠释方式"。如果你没能得到某个工作，你会将这次失败视为永久性的（"我再也找不到工作了"）还是一次事件？你会把这次失败融入你的自我定义（"我就

是因为不够聪明才找不到工作"）还是将其作为一个存在着许多非己
可控因素的事件。反思自己解释周遭世界的方式是成为乐观主义者的
第一步。然后，塞利格曼建议，你应该想一想你的悲观情绪的有效性
（它帮你解决问题的了吗？），这种悲观情绪是否有理有据（它是否只
是一种毫无理智的情绪？），以及是否是由不幸事件所产生的自我暗示
（很可能并没有你认为的那样悲惨）。

　　请记住——如果在你的眼里装有一半水的杯子仍然是"半空"，那
你可以把这半杯水倒到一个小一些的杯子里，这样你就可以看到一个
满满的杯子啦！

　　我们已经走到了这本书的结尾。我已经说明了创业的人生可以有多么精
彩，创业路上会遇到什么障碍或挑战，而且只有你本人才能决定你是否要去
走一条属于自己的路。如果你选择加入"人生创业者"的队伍，你会遇见众
多年长或年轻的战友，他们肩并着肩，在精彩的资本世界中竞争，努力产生
改变，努力让这个世界更加美好。

>>

　　梅维斯·莱雷尔（Mavis Leyrer）曾经说过："生命旅程的目标并不是带
着保养良好的身体平平安安地抵达坟墓，而是要筋疲力尽地滑倒在路边，大
声喊着：天哪，这是多么美妙的旅程！"当你来到墓前，你会喊些什么？

智囊团：让心灵引路

蒂莫西·泰勒（Timothy J. Taylor）

我和本第一次见面不是在会议室或星巴克，而是在旧金山联合街（Union Street）旁边的一个冥想花园。我们没有谈生意，而是花了将近一个小时讨论领导力和激情的本质。

那天下午，我们讨论了我们所有人心中的仁爱之光。这次谈话显示出本身上吸引我的一些品质：诚实、幽默、智慧、关注他人。自那以后，我和本又多次在一起讨论心灵和精神，以及它们与这个竞争激烈、节奏紧张的商业世界的关系。

我知道我和本在生意上获得的物质成功是暂时的（也就是说，这些你都带不走）。这种领悟对我们俩的生活至关重要。而且，在与数百位创业者共事后我发现，这一点对其他人也至关重要——那些最成功的人都明白，无论他们赚多少钱，真正的平静才是永恒的，而且是在我们的内心实现的。

在你的新公司或是你的工作中，你会遇到许多让你感到灰心和困惑的挑战，你会经历物质上的成功或失败——让你的心灵来引导你吧。

如果你看看那些商业中的佼佼者，我想你会发现他们的生活太忙了，以至于都没有时间去担心物质财富。物质上的成功只是他们专注于整体幸福所收获的副产品。本和我过的就是这样的生活。你也可以。

My Start-up Life:
What a (Very) Young CEO
Learned on His Journey Through
Silicon Valley

蒂莫西·泰勒在硅谷为创业者联系投资者和客户，他还为申请天使投资的创业者们担任演讲教练。

附录 A：下一步是什么

我在这本书上花费了很长时间。以出版界的工作方式来看，我写这本书很可能赚不了多少钱。我之所以写这本书是因为我相信我们每个人都有改变世界的力量。所以我只期望你做一件事：开始去做，按下启动键。正如琼·迪迪恩所说的那样："生活在生活中。"去创建一家公司；成立一个俱乐部；建立一个网站；写一篇博客；给你的偶像打第一通电话；买这本书送给你的朋友们，并和他们聊聊你的读后感；谈论创业；阅读更多的书。但是一定要开始去做。现在就开始。时间正在一分一秒地逝去，如果现在不开始，那什么时候开始？如果你不去做，那谁去做？

我已经准备好提供帮助。

访问这本书的同步网站 www.mystartuplife.com，加入这本书的读者大家庭吧。在这里，你会发现更多的内容，并且可以和其他的读者交流。你可以订阅我的时事通讯或博客。如果你还需要更多，请翻到下一页的"每天一粒'维生素'，成为更好的创业者"！

附录 B：每天一粒"维生素"，成为更好的创业者

是时候开始了。下面为你准备了一些"维生素"，你需要每天服用一粒。在接下来的一个月，请你每天投入全天的时间专注一件事情——这些事如何才能成为你的习惯？如果你需要更多信息，请登录 mystartuplife.com，以下建议中带有"上网查看"标签的内容你都可以在这里找到。

第一天：结识尽可能多的人。在结识新人时请遵从随机性。在纽约，餐馆里等着你腾出座位的那个人可能就是下一个电影明星。怀着一种"谁知道会怎样"的心态去对待每一次偶遇。在你见到某人后，请精心组织你们的会面，并保持后续的联系。

第二天：开始阅读。你阅读什么样的书就会变成什么样的人。阅读杂志、报纸、书籍、博客和网站。任何知识都可以去了解。好奇心最强的人往往会赢。*上网查看"找到你应该阅读的杂志和书籍"。*

第三天：发送电子邮件给你想要认识但尚未认识的五个人。如果你不试，你永远都不会知道会发生什么。你会惊喜地发现会有那么多人回复你的邮件。

第四天：成为一流的电子邮件处理器。变得擅长过滤电子邮件和管理收到的邮件。在点击"回复全部"按键之前，一定要谨慎。快速回复所有邮件。想办法让自己变得更高效。提个醒：如果你用不了一分钟就能回复这封

邮件，那么现在就回复吧。

第五天：记下每一件事情。当你以一名创业者的速度来做事时，忘记事情是再常见不过的了。记下你的想法、待办的事项和会议笔记，组织好它们。*上网查看 "学习如何组织你的边缘想法"。*

第六天：成为善于倾听的人。努力读懂他人话中隐含的意思。建立一个懂得倾听的好名声，能够怀有一颗真挚的同理心去倾听他人的问题。

第七天：发出五份手写的卡片。想一想，哪五个人对你来说非常重要，然后给他们分别寄一张你亲笔书写的卡片。现在就写，表达你对他们的感激之情。*上网查看 "每一张手写的卡片都应该有四行字"。*

第八天：创造一种专家效应。培养自己具备一种其他人认为有价值的专业知识，并成为某一领域中必不可少的资源。

第九天：旅行。跳出你常规的思维模式，看看会发生些什么，看看你是否能以一种新的视角来处理某一问题，看看一个新的地方是否能让你有一种新的精神状态。今天就去预定吧！*上网查看 "寻找最佳旅游目的地"。*

第十天：提高自我要求的标准，试一天，观察结果会怎样。一整天都要完美地遵守标准：没有毫无价值的电子邮件，没有半途而废，没有拖延任务，没有跳过体育锻炼，没有沉溺于不健康的食物。这些是不是没你想象得那么难？

第十一天：阅读《追风筝的人》(*The Kite Runner*) 以及《杰克·韦尔奇自传》(*Jack：Straight from the Gut*)。看看你觉得哪一本更有意思。*上网查看 "找到那些让你的世界为之震撼的非商业类书籍"。*

第十二天：调研慈善机构，捐钱，然后告诉你的朋友为什么你会这样做。把触角伸向让你激动的事业。*上网查看 "找出正在改变着世界的慈善组织"。*

第十三天：打造一个明智的"个人理财规划"。 开始存钱，投资指数型基金，设立预算并实时跟踪。变得富有。*上网查看"个人理财入门"。*

第十四天：撰写博客。 把你自己的想法呈现在那里，展现自我，让自己变得坦诚透明。上网查看*"如何开始撰写博客以及阅读哪些博客"。*

第十五天：真心投入。 直言不讳，言而由衷。发自内心地投入全部的热情。

第十六天：成立顾问委员会。 让你身边围绕着比自己更伟大、更睿智的人。

第十七天：帮助一位比你年轻或比你缺少经验的年轻人。 虽然给予不多，但收获颇多。这样做不仅会让你学到很多，还会让你感觉很好。

第十八天：严格遵守任务清单。 如果你不把它列入任务清单，那么你也不会去完成它。

第十九天：停止看电视。 如果你沉迷于电视，那么"我没有时间"这个理由听起来总是缺乏说服力。

第二十天：找到你的精神支柱。 有时候生活会变得疯狂。我们所有的人都需要围绕着某个中心旋转。对一些人来说，宗教就是他们的这个中心，是他们的精神支柱。找到你的精神支柱——一种稳定不变的中心影响力，并且一刻也不要失去它。

第二十一天：去了解那些你不了解的事物。 搞清楚自己擅长什么，而在自己不擅长的领域，请别人帮助你。尽可能多地减少自己的盲点。*上网查看"如何减少你的盲点"。*

第二十二天：让某个人骂你"混蛋"。 在越过红线之前，你并不清楚那条线在哪儿。那么你可以自以为是一些、极度自信一些，直到有人对你说：

"别再那么混蛋了"。这时你就知道你已经越过了红线。那么你需要往回退四五步，你就会站在恰当的位置上了。

第二十三天：行动敏捷，但不要匆匆忙忙。 有时你需要全速冲刺。但生意也可以是一场马拉松。市场——还有人生——有自己的节奏。跟随这样的节奏行动起来。

第二十四天：把装有积极乐观思想的百宝箱放在手边。 积极的想法肯定大有助益。这里就有一个："只要相信自己，你就会懂得如何去生活。"*上网查看"找到其他积极的思想"。*

第二十五天：尽量少开会。 少说一点，多做一点。*上网查看"学习如何组织和参加高效的会议"。*

第二十六天：依靠不完全信息采取行动。 前美国参谋长联席会议主席科林·鲍威尔（Colin Powell）希望战场上的指挥官们能够在获得 40% 的潜在可利用的信息时就做出决定。这可是生死攸关的关头，你认为你还需要更多的信息？！

第二十七天：建立一间虚拟办公室。 在网络上寻找"Web 2.0 应用程序"，使用这些工具为自己打造一台高效精干的虚拟机。*上网查看"让你变得至精至简的工具就在那里"。*

第二十八天：并行开展多个项目。 让你的兴趣和活动多样化。

第二十九天：富于幽默感。 在一个严肃的世界里，幽默感为稀缺之物。做一个人们都想要接近的人吧。研究一下好玩的笑料和俏皮话。*上网查看"恶作剧：献给忙碌的高管们"。*

第三十天：让人们感觉好极了。 一切都要从人开始。温馨小贴士：如果你想赞美某人，那就当众赞美吧。

版权声明

MY START-UP LIFE: WHAT A（VERY）YOUNG CEO LEARNED ON HIS JOURNEY THROUGH SILICON VALLEY

ISBN 978-0-7879-9613-0

Copyright © 2007 by John Wiley & Sons，Inc. All rights reserved.

This translation published under John Wiley & Sons. No part of this book may be reproduced in any form without the written permission of the original copyrights holder.

Copies of this book sold without a Wiley sticker on the cover are unauthorized and illegal.

本书中文简体版由 John Wiley & Sons.Inc 授权人民邮电出版社出版，未经出版者书面许可，对本书的任何部分不得以任何方式复制或抄袭。

版权所有，翻版必究。